**창조의 시간,
신세계를 향하여**

대한민국 5천만 국민에게 고함

창조의 시간, 신세계를 향하여 ___

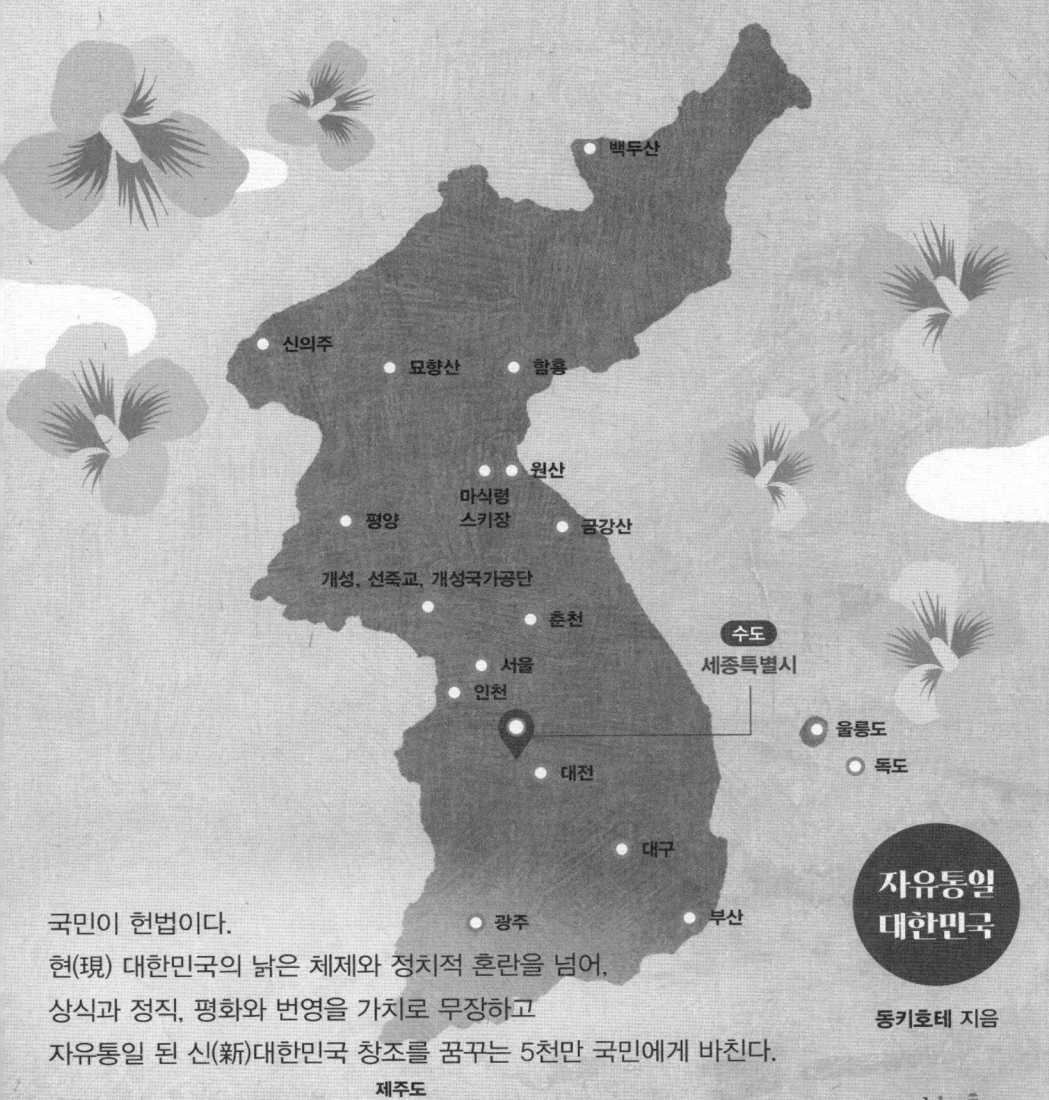

국민이 헌법이다.
현(現) 대한민국의 낡은 체제와 정치적 혼란을 넘어,
상식과 정직, 평화와 번영을 가치로 무장하고
자유통일 된 신(新)대한민국 창조를 꿈꾸는 5천만 국민에게 바친다.

자유통일
대한민국

동키호테 지음

가넷북스
Garnet Books

프롤로그
머털도사를 만난 동키호테,
신(新)대한민국 창조의 서막을 열다

동키호테는 어지러운 세상사를 돌파할 방도를 찾아 먼 길을 떠났다. 여기저기서 쏟아지는 뉴스는 계엄 이후 탄핵 정국 속에 분열과 갈등으로 가득했고, 어제오늘이 다를 것 없이 끝없이 시끄러운 정치판은 더 이상 희망을 담보하기 어려워 보였다. 어디를 가든 사람들은 똑같이 한숨을 쉬었다. "누가 대통령이 돼도 똑같다.", "결국 기득권만 배 불린다." 같은 체념이 습관처럼 흘러나왔다. 동키호테는 그런 분위기가 위험하다고 느꼈다. 더 이상 문제를 방치할 수 없었고, 어딘가에서 근본적인 변화를 일으켜야만 한다고 생각했다.

그렇게 동키호테는 머털도사를 찾아가기로 결심했다. 전설 속 머털도사는 한번 털을 뽑아 공중에 흩뿌리기만 해도 숱한 기적을 일으킨다는 소문이 있었다. 하지만 동키호테가 진정 바란 것은 눈앞의 마술이 아니라, 지금 이 나라가 처한 위기에서 빠져나올 '현명한 길'을 찾는 지혜였다. 세상의 굴곡을 오래 지켜봐 왔다는 머털도사라면, 분열이 극심해지고 위기가 더해지는 현시대에 꼭 필요한 조언을 건네줄 거라는 믿음이 있었다.

머털도사는 동키호테의 간절한 청을 듣고 한참 눈을 감은 채 생각에 잠겼다. 그러다 문득 눈을 뜨고는 "신대한민국을 창조하라!" 하고 선언했다. 동키호테는 머릿속이 순간 하얗게 비었다. 창조라고 하면 흔히 무(無)에서 유(有)로 만드는 것으로, 현 정부에서 벗어나 신정부를 수립하는 모습이 떠올랐다. 그런 혼란스러운 장면이 머릿속을 스쳤기에 동키호테는 얼른 반문했다. "저는 정말 모두가 힘겹게 살아가는 걸 멈추게 하고, 망가진 국가 시스템을 제대로 고치고 싶을 뿐입니다."

머털도사는 빙그레 웃으며 말했다. "창조는 꼭 혼란만 뜻하는 게 아니란다. 온 나라가 새로운 기틀을 마련하고, 이 땅의 사람들이 다 함께 낡은 질서를 버리고 앞으로 나아가는 일. 그 정도로 모든 것을 뒤집어야 겨우 변할 수 있다면 그건 이미 창조에 가깝다고 할 수 있지 않겠느냐."

동키호테는 고개를 끄덕였다. 불합리한 제도, 이해타산만 앞세우는 정치인들, 자신들의 권력을 놓지 않으려는 기득권의 견고한 성벽을 떠올릴 때면, 단순한 '개혁'이나 '개헌' 수준으로는 어림도 없을 것 같았다. 사실 수많은 이들이 지금까지 끊임없이 개혁과 개헌을 외쳐왔지만, 현실에서 달라진 것은 거의 없었다. 고질적인 지역감정과 정당 간 파벌 싸움, 민생보다 권력투쟁에 몰두하는 국회 풍경이 80년도 넘게 반복돼 온 것이다. 그야말로 현(現) 체제에 갇힌 답답한 상황이었다.

머털도사는 묘책을 내놓았다.

"현재의 헌법과 제도 위에 덧대기만 해서는 달라지지 않는다. 바

바야흐로 큰 틀을 갈아엎고 다시 설계하는 국민의 용기가 있어야 할 때다. 그리고 그 중심에 바로 MZ 세대가 서야 한다."

동키호테는 순간 가슴이 뛰었다. 자신처럼 이 시대의 문제점을 생생히 느끼면서도 어디서부터 건드려야 할지 몰라 방황하는 젊은이들이 떠올랐다. 20대에서 30대에 이르는 MZ 세대는 디지털 환경에 익숙하고, 기존 문법에 매이지 않는 창의적인 사고방식을 갖고 있었다. 이들은 지금껏 제대로 기회를 얻지 못했지만, 정작 미래를 살아갈 세대는 이들 아닌가.

"그러면 어떻게 해야 하죠?"

동키호테가 묻자, 머털도사는 천천히 눈을 감으며 잠시 숨을 고른 뒤 답했다.

"정말 모든 것을 새로이 시작할 각오를 해야 한다. 지금의 기득권에게서 권력을 빼앗고자 하는 게 아니라, 나라의 골격 자체를 바꿀 권리를 되찾는 것이 창조의 목표가 돼야 한다. 지역으로 갈려 싸우고, 정치로 편 갈라 분열하는 틈에서 도무지 성장할 수 없는 국민을 위해, 전혀 다른 방식으로 제도를 만들어야 한다. 거기에 20~30대 젊은 MZ가 대거 나서야 오래된 질서를 넘어서는 힘이 생긴다."

동키호테는 머릿속이 복잡해졌다. '과연 현실적인가?'라는 의문이 스쳤지만, 더 큰 질문은 '이대로 계속 가도 괜찮은가?'였다. 전과 다름없이 보수와 진보로 갈려 서로 물어뜯는 정치, 입법이 아닌 정쟁이 반복되는 의회, 국민을 위한 정책보다 이합집산이 우선인 기성 정당의 모습이 앞으로도 연장된다면 이 나라는 과연 희망이 있을지 의심스러웠다. 오히려 큰 변화를 두려워하는 마음이 지금의 위기를 지속시키는 건 아닐까.

    그날 밤, 머털도사와 나눈 대화는 동키호테의 마음에 오래 남았다. 분명 지금은 무언가를 바꿀 중대한 시점이다. 진정으로 필요한 건 '현(現)시대를 끝내고 새 시대를 열어젖히는 의지'였다. 머털도사가 말하는 '창조'는 단순히 '개혁이나 개헌'으로 간판만 갈아 끼우는 변화가 아니라, 국민 모두가 참여해 헌법과 국가 시스템을 뿌리부터 재편하는 것에 가까웠다. 관습적으로 내려온 지역주의, 기득권 중심의 정치구조, 방만한 세금 낭비와 무책임한 행정 체계에 이르기까지 개선해야 할 곳이 너무 많았다. 그 모든 것을 근본부터 다시 그려보는 계기가 필요하다는 말이었다.

    동키호테는 MZ 세대의 잠재력을 믿었다. 디지털 시대에 걸맞게 새로운 소통 방식을 열어가고, 전 세대적 문제 앞에서 더 개방적인 시각을 가진 세대가 바로 이들이었다. 그래서 머털도사가 'MZ 세대가 앞장서야 한다.'고 한 건 결코 허튼소리가 아니었다. 문제를 가장 피부로 겪는 이들이 직접 제도 개선의 선봉에 서면 단순히 불평을 넘어 실질적인 변화를 만들어 낼 수도 있을 것이다.

    물론 그 길이 쉽지는 않을 것이다. 과연 헌법을 새로 만들고, 제도를 전면 재설계하는 결단을 사회가 받아들일 수 있을지, 동키호테 스스로도 의문이 들었다. 하지만 선택의 갈림길에 선 지금, 머뭇거리고 있을 시간은 더 이상 없었다. 현 체제의 관성을 그대로 끌어안고서는 나아갈 수 없음을 우리는 수도 없이 확인해 왔기 때문이다. 차라리 '창조'라는 단어가 낯설다면, '새로운 출발선' 정도로 말해도 좋을 것이다. 중요한 것은 이 시점에서 과감하게 모든 것을 다시 생각해 보고, 필요하다면 다 고쳐나갈 수 있는 의지다.

동키호테는 이제 길을 나서야겠다고 마음먹었다. 머털도사가 던진 '창조'라는 두 글자는 더 이상 무섭거나 막연하지 않았다. 오히려 지금 이 땅에서 살아가는 수많은 젊은이들에게 '이게 마지막 기회일 수도 있다.'는 절박함으로 다가왔다. 물론 창조는 어느 한 사람이 주도할 수 없는 거대한 흐름이다. 하지만 MZ 세대가 중심이 되어, 기성세대와도 소통하며 더 이상 미뤄둘 수 없는 과업을 함께 이뤄낸다면 머털도사가 말했던 '창조에 준하는 변화'는 분명 가능할 것이다.

동키호테는 그렇게 결심했다. 이제부터 이 여정은 시작이다. 분열된 시국도, 정치의 끝없는 싸움도, 청년들의 비관도 새로운 시도로 극복할 수 있다고 믿기로 했다. 창조라고 불리든, 아니면 또 다른 이름이 붙든, 결국 바꿀 사람은 이 땅에 사는 우리들인 것이다. 머털도사의 말처럼, 모든 것을 바꿀 수 있는 기회가 눈앞에 다가와 있다면 망설임 없이 움직일 때가 바로 지금이라고. 그리고 바로 그 변화의 시작점에 동키호테 스스로가 서 있음을 느꼈다.

지금부터는 동키호테가 머털도사의 계시를 받은 내용을 바탕으로 새로운 국가, 새로운 사회를 위해 우리들이 무엇을 어떻게 준비해야 하는지 하나둘 단계적으로 써 내려갈 것이다.

창조 공약

MZ 세대가 단순히 '창조'를 외치는 것으로 멈추지 않고, 실제로 국정 전반을 재편할 수 있는 제도적 청사진을 제시한다. 이들이 내놓은 열 가지 공약은 하나하나가 국가 시스템을 뿌리부터 손보겠다는 과감한 의지를 드러내며, 서로 긴밀히 맞물려 있다. MZ 세대의 창조 추진 공약은 다음과 같다.

① 신헌법 제정 및 신공화국 정부 수립
② 수도 세종특별시 이전(대통령집무실, 의회 등 모든 국가기관 이전)
③ 정부 대통령제 임기 6년 단임제(득표율 50% 미만 시 반드시 3년 후 중간평가)
④ 국회 양원제, 전국(全國)구의원 폐지, 정원 50% 감축, 임기 3년, 지방의원제(기초, 광역 통합)
⑤ 신공화국 출범 시 현(現)체제 헌법, 제도 등 일몰 폐기
⑥ 대사면, 신공화국의 엄정한 법치주의 시행
⑦ 현 국회의사당을 MZ 세대 창조 기념관(성지)으로 조성
⑧ 선거 혁명(부정투표 시 차순위자 승계 등)
⑨ 잘 사는 국민, 좋은 나라
⑩ 자유통일 달성(5대 원칙)

유승민 MZ 새 시대 창조단장 소개

유승민은 1982년 8월 5일 인천 강화군 교동면에서 태어났다. 어린 시절부터 탁구에 두각을 나타냈으며, 중학교 3학년 때 최연소 국가대표로 선발되었다. 그는 탁월한 재능과 성실한 노력으로 2004년 아테네 올림픽에서 남자 단식 결승에 진출했고, 중국의 왕하오를 4-2로 꺾으며 금메달을 획득해 대한민국 탁구의 영웅으로 떠올랐다.

선수 생활을 마친 후 유승민은 체육 행정가로서의 길을 걸었다. 2016년에는 국제올림픽위원회(IOC) 선수위원으로 선출되어 국제 무대에서 한국 스포츠의 위상을 높였으며, 2019년부터 2024년까지 대한탁구협회 회장을 맡아 탁구 발전에 크게 기여했다. 또한 2025년 2월 28일에는 불가능에 가깝다던 제42대 대한체육회장으로 당선되어 공식 취임하며 한국 체육을 이끄는 리더로서 본격적인 활동을 시작했다.

유승민 회장은 선수 시절 경험과 국제적인 감각을 바탕으로 한국 체육의 발전과 혁신을 주도할 인물이다. 무엇보다 그는 탁월한 리더십과 깨끗한 이미지, 시대정신을 잘 이해하는 MZ 세대의 대표 주자로서, 대한민국의 정치적·사회적 혼란을 극복하고 새 시대를 열어나

갈 'MZ 새 시대 창조단장'으로 새 역사를 수립하는 위대한 인물이다.

위촉장(委囑狀)

유승민 대한체육회장을 MZ 새 시대 창조단장으로 임명하며 극심한 지역갈등과 정치혼란을 해결하고 상식과 정직, 신뢰와 번영을 이루어 민족의 염원인 자유통일을 완수하여 7천만 겨레를 이끌어 가는 시대적 사명의 임무를 위촉한다.

―머털도사―

목차

프롤로그 | 머털도사를 만난 동키호테, 신(新)대한민국 창조의 서막을 열다
창조 공약
유승민 MZ 새 시대 창조단장 소개

창조의 시간

1장 창조의 시간

구질서를 넘어 더 나은 미래로 · 17 | 신헌법 제정과 신공화국의 탄생 · 26 | 새 시대의 영웅 유승민 MZ 세대 창조단장(현 대한체육회장) · 33 | 잘 사는 국민 좋은 나라 · 37 | 국민 화합을 위한 대사면 실시 · 47 | 자유통일을 향한 다섯 가지 길 · 50 | 100일 전쟁, 통일을 위한 마지막 관문 · 65 | 모병제, 대한민국 국방의 미래를 준비할 때 · 68

2장 머털도사가 들려준 이야기

트럼프는 이겼지만, 미국은 패배했다 · 73 | 바보 조국과 독서 축제 · 77 | 음획(陰劃) · 83 | 대한민국 법빠리들 · 89 | 선거관리위원회 · 96 | 심판의 날 · 100

2부

중국과 한반도의 미래

황금 분할 · 108 | 김씨 조선 왕녀의 난 · 115 | 북한의 핵폭탄과 남한의 수소 폭탄 · 120 | 시(時)수저, 무엇과도 바꿀 수 없는 소중한 생명 · 125 | 자유국가연합 창설 · 130

부록 중국인의 삶을 통해 본 중국의 저력

인연이냐 악연이냐 · 139 | 아버지와 딸 · 148 | 애달픈 이별 · 157 | 어머니 무엇을 원하십니까? · 166 | 잘못 걸린 전화 · 176 | 어머니와 같은 여자를 기다리며 · 180 | 하늘 같은 은혜 바다 같은 정 · 184 | 낳은 정 키운 정 · 199 | 젊은 시절 조롱으로 빚어진 인생 희비극 · 210

1부
창조의 시간

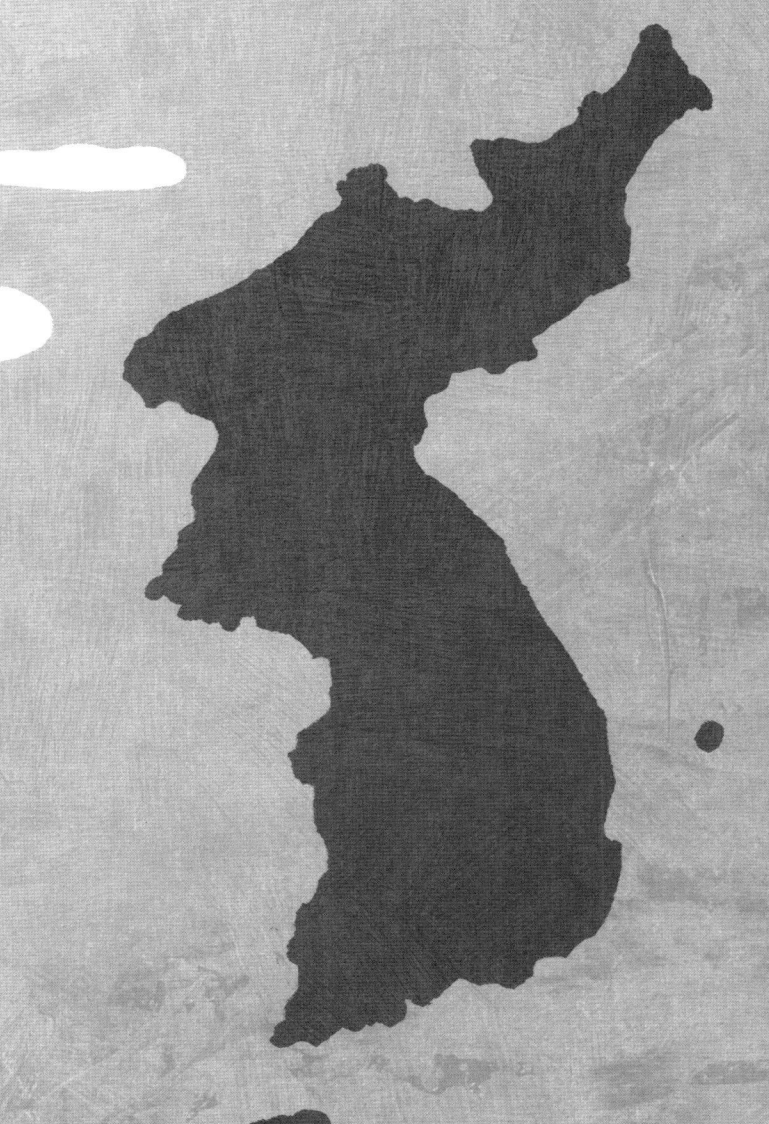

1장

창조의 시간

구질서를 넘어 더 나은 미래로

MZ 세대 창조가 필요한 이유

오늘날 한국 사회는 다양한 갈등과 분열이 겹겹이 쌓이며, 한계치에 가까운 혼란을 겪고 있다. 보수·진보 양 당은 지나친 권력욕에 사로잡혀 지역 대립과 국론 분열의 근본 원인을 제공하면서 서로를 비난하며 정쟁에 몰두할 뿐, 지역주의와 이념 대립으로 쪼개진 국민들의 피로감에는 별다른 해답을 내놓지 못한다. 극단화된 탄핵 싸움과 돌발적인 계엄령 논란이 되풀이되는 동안 민생은 점점 뒷전으로 밀려났다. 보이스피싱, 마약, 학교 폭력 같은 현안은 물론, 남부지방을 뒤덮고 있는 재선충으로 산림의 황폐화가 극심한데도, 기득권 정치는 선거 공학적 계산과 당리당략에만 매달려 실질적인 아무런 해법을 마련하지 못했다.

그러는 사이, 디지털 시대에 성장한 MZ 세대가 새로운 시각과 창의적 역량을 갖추고 등장했지만, 이들은 기득권 구조에 막혀 목소리를 낼 기회조차 얻지 못했다. 결국 '더는 이대로 두면 안 된다.'라는 공감대가 커졌고, 기존의 정치 시스템을 전면적으로 재설계해야 한다는 뚜렷한 요구가 분출되었다. 한마디로, 낡은 헌법과 제도의 틀을 유지한 채 조금씩 손보는 것으로는 결코 해결할 수 없다는 것이다.

이처럼 MZ 새 시대 창조는 구체제의 지속적인 파행과 국가 제도 전반의 무능을 더 이상 방치하지 않겠다는 의지에서 출발한다. 정당이 교체돼도 똑같은 문제들이 반복되는 현실을 보고, MZ 세대가 직접 '모든 것을 갈아엎겠다.'는 결심을 내린 셈이다. 이는 결코 소수의 격한 목소리만이 아니며, 계속된 정치 혐오와 무기력 속에서 많은 국민이 '이젠 정말 바꿔야 한다.'는 데 공감하고 있다. 그렇다면 구체적으로 어떻게 바꿀 것인가? 바로 이 질문에 답하기 위해 MZ 세대가 새 시대 창조의 열 가지 핵심 공약을 내놓고 있다.

MZ 새 시대 창조 공약, 열 가지 약속

MZ 새 시대 창조단은 단순히 '창조'를 외치는 것으로 멈추지 않고, 실제로 국정 전반을 재편할 수 있는 제도적 청사진을 제시한다. 이들이 내놓은 열 가지 공약은 하나하나가 국가 시스템을 뿌리부터 손보겠다는 과감한 의지를 드러내며, 서로 긴밀히 맞물려 있다. 먼저 그 핵심 공약을 아래에 나열하면, 이와 같다.

① 신헌법 제정 및 신공화국 정부 수립
② 수도 세종특별시 이전(대통령집무실, 의회 등 모든 국가기관 이전)
③ 정부 대통령제 임기 6년 단임제(득표율 50% 미만 시 반드시 3년 후 중간평가)
④ 국회 양원제, 전국(全國)구의원 폐지, 정원 50% 감축, 임기 3년, 지방의원제(기초, 광역 통합)
⑤ 신공화국 출범 시 현(現)체제 헌법, 제도 등 일몰 폐기
⑥ 대사면, 신공화국의 엄정한 법치주의 시행
⑦ 현 국회의사당을 MZ 세대 창조 기념관(성지)으로 조성
⑧ 선거 혁명(부정투표 시 차순위자 승계 등)
⑨ 잘 사는 국민, 좋은 나라
⑩ 자유통일 달성(5대 원칙)

이제 각각을 하나씩 살펴보자. 우선 '신공화국 정부 수립'은 현재의 헌법과 정부 체제를 완전히 폐기하고, 국민과 영토를 제외한 나머지 법제도·기관을 '새로 짜겠다.'는 창조적 발상이다. 기득권 구조가 이미 굳어져 개헌만으로는 부족하다고 판단한 이들은, 낡은 집을 벗어나기 위해서는 골조 자체를 갈아엎어야 한다고 주장한다. 이런 대담한 구상은 필연적으로 반대와 갈등을 유발하겠지만, 정작 과거를 붙잡고는 한 걸음도 나아가기 어렵다는 것이 MZ 새 시대 창조단의 논리다.

다음으로 수도를 세종특별시로 이전하는 공약은, 서울에 집중된 행정권과 정치권을 분산해 지역불균형과 부동산 문제 등을 동시에

해결하고 정치적 갈등의 중심에서 탈피하여 경제, 교육, 문화의 중심권으로 삼겠다는 의도다. 대통령집무실, 국회의사당, 대법원 등 핵심 국가기관을 전부 옮겨 명실상부한 행정 수도를 완성한다는 점에서 '신공화국'이 과거 구체제와 결별하고 새출발을 한다는 상징적 의미도 담겨 있다.

'대통령 6년 단임제'는 현행 5년 단임제에서 반복되는 극단적 탄핵 공방을 막고, 득표율이 50% 미만일 경우 3년 뒤 반드시 국민투표로 재신임을 묻겠다는 설계다. 과반 지지 없이 당선된 대통령이 권력 유지를 위해 극한 대립을 유발하는 것을 예방하며, 중간평가에서 과반 지지를 재확보하지 못하면 3개월 이내 재선거를 실시하도록 해 정쟁보다는 민의를 반영하도록 유도한다. 또한 대통령이 공백 상태가 되지 않도록 '부통령' 제도를 도입하여 권력분점 실시와 탄핵 등 대통령 부재 시 자동승계 하여 극심한 정치적 혼란을 방지하는 것이 핵심 구상이다.

'국회 상·하 양원제 개편'은 다수당이 독주하거나 장기 정쟁에 빠지는 걸 막기 위한 방책이다. 의원 수를 대폭 줄여 200명 이하(예: 하원 150명, 상원 50명)로 구성하고, 임기를 3년으로 축소해 무능·부패 의원을 빠르게 교체한다. 기존의 불체포·면책 등 각종 특권을 폐지해, 의원 개인이 법 위에 군림하는 관행을 끊겠다는 의지도 분명하다. 현재 기초, 광역의회로 나누어져 있는 지방자치단체는 인구 소멸 지역이 점차 증가함에 따라 기초의회와 광역의회를 통합하여 지방의회로 구성하고 임기는 3년으로 한다. 지방자치단체장의 임기는 6년으로 한다. 모든 선출직은 출마 횟수 제한제도를 도입하여 유능한 출마예정자의 기회 박탈 방지와 국민의 다양한 선택폭으로 정치발전에 기여해야 한다.

한편, '신공화국 출범 시 구체제 일몰 폐기' 공약은 새 헌법이 발효되는 순간 현행 헌법과 국가기관 대부분을 원칙적으로 종료시키고, 오직 국방·치안 등 필수 기능만 연속성을 인정하겠다는 내용이다.

엄격한 법치주의 시행을 통해 살인, 강도, 성범죄 등 흉악범죄에 대한 사형제와 태형(笞刑)의 도입을 적극 검토할 것이다. 특히 성범죄자에게 적용될 태형은 태형기계를 사용하며, 한 차례의 집행만으로도 살점이 떨어져 나갈 정도로 극심한 고통을 유발하며, 자비 부담으로 치료 후 일정 기간(3~6개월)의 회복기를 거친 뒤 두 번째, 세 번째 태형이 순차적으로 이어진다. 이로 인해 범죄자는 다음 형 집행에 대한 극도의 공포심을 느끼게 되어, 범죄 예방 효과가 매우 뛰어날 것으로 보인다.

사형제와 태형은 살인이나 성범죄 등으로 무고하게 희생된 피해자들에 대한 정당한 법 집행이다. 이는 범죄자들의 인권 보호나 관용보다, 미처 이루지 못한 꿈을 안고 억울하게 목숨을 잃은 피해자들을 위해 살아 있는 사람들이 보여줄 수 있는 최소한의 도리이자 사회적 정의의 실현이다. 우리는 단호하고 엄격한 처벌을 통해 국민이 안전하게 살아갈 수 있는 나라를 만들 것이다. 한 사람에 대한 사형 집행은 수백 명의 살인을 예방할 수 있다. 범죄 예방 국가정책적인 관점에서 이보다 더 좋은 제도가 있겠는가? 사형제는 민주주의의 최후의 보루이자 최선의 정책이다. 이는 범죄 억지력을 높이겠다는 취지나, 인권이나 종교적 쟁점이 존재하기 때문에 충분한 사회적 합의가 필요하다는 전제를 달았다. 그러나 현재 명목상으로만 존재하는 사형제도는 살인과 같은 인륜 범죄뿐만 아니라 보이스피싱이나 전세사기와 같은 여러 사회적인 범죄로 인해 수많은 가정이 파탄 나고 사회적 상호불신이 확산되는 상황에서도 제대로 시행되지 않고 있다. 이에 대한 방지책으로 막대한 세금을 투입하고 있지만, 전혀 개선되지 못하고 오히려 범죄를 방치하고 조장하는 측면마저 있을 것이다. 또한 범죄 예방을 위해서는 가정과 학교, 국가, 종교단체가 인간의 기본 인성과 도덕 교육을 주요 과제로 삼는 것이 중요하다. 결국 범죄가 줄어들어야 모든 국민이 '인권'을 안전하게 누릴 수 있고, 국가의 존립 또한 보장될 수 있다는 논리다.

또 하나 독특한 건, '현 국회의사당을 MZ 창조 기념관으로 조성'하겠다는 구상이다. 세종특별시로 의회를 옮긴 뒤, 현 여의도 국회의사당을 옛 정치체제의 흥망과 새 시대 창조 과정을 전시하는 공간으로 바꾸어 새로운 정치문화와 MZ 창조 정신을 되돌아보게 하자는 것이다. 이는 낡은 체제를 MZ 세대의 성지 기념관으로 남겨 미래 세대에게 교훈을 주겠다는 상징적 프로젝트이기도 하다.

창조의 목표가 단지 정략적인 구조 개편만은 아니라는 점은 '잘 사는 국민, 좋은 나라' 프로젝트에서 분명히 드러난다. 경제지표가 아닌 실제 생활 수준에 초점을 맞춰 과도한 세금제도와 비효율적 복지체계를 손질하고, 일자리·주거 정책의 근본적 개선에 나서겠다는 것이다. 국가 GDP만 높다고 행복해지는 건 아니라는 문제의식에서 비롯된, 실질적 풍요를 지향하는 공약이다.

'자유통일 달성' 공약 역시 MZ 창조단의 시야가 현재 국내 정치에만 머물지 않는다는 사실을 보여준다. 북한 체제 변화를 전제로, 통일 비용과 주변국 외교 전략을 마련해 진정한 자유민주통일을 실현하겠다는 것이다. 이는 MZ 창조단이 이미 분단된 남한만 바꾸는 일이 아니라, 한반도 전체의 미래를 재설계하는 작업이라는 인식을 드러낸다.

마지막으로 제안하는 '선거 혁명'은 부정선거 발생 시, '올림픽 메달 승계 방식'과 같은 원칙을 적용하자는 것이다. 올림픽에서 부정한 방법으로 메달을 획득한 선수가 자격을 박탈당하면 차순위 선수가 자동으로 승계하듯, 선거에서도 부정으로 당선된 후보가 자격을 상실하면 재선거 없이 차순위 득표자가 그 자리를 바로 이어받는 방식이다. 이는 재선거로 발생하는 막대한 비용과 시간을 절약할 뿐 아니라, 부정선거 시도를 강력히 억제하는 효과가 있다.

또한 부정선거 당사자는 민·형사상 엄중한 처벌을 받아야 하며, 해당 선거에 소요된 비용 전액을 본인은 물론, 자손 대대로 상속하여서라도 끝까지 완납하도록 하여 부정행위의 책임을 철저히 지게 할 것이다. 아울러 현재 대통령 탄핵심판이 단심제로 신속하게 진행되는 것과 같이, 부정선거 관련 재판도 단심제로 제한하고 재판기간 역시 최대 3개월 이내로 엄격히 시행하여 불필요한 국력 소모를 최소화하겠다는 강력한 의지를 담고 있다.

이처럼 MZ 창조 공약은 헌법과 국가 제도를 근본적으로 바꾸는 혁파(革罷)를 목표로 한다. 물론 이 계획이 현실에서 이루어지기 위해서는 사회적 합의와 국제사회의 시각, 예산과 법적 정당성 등 여러 까다로운 조건들을 충족해야 할 것이다. 그럼에도 불구하고 '결국 행동하지 않으면 아무것도 달라지지 않는다.'는 강력하고 단호한 메시지를 전하고 있다. 기존의 구태(舊態)에 갇혀 방치되어 온 수많은 문제들을 한 번에 해결하고 무너진 민생을 되살리겠다는 결의를 명확히 보여주는 대목이다.

MZ 세대는 과거 세대와 달리 디지털 환경과 글로벌 시대 속에서 자라난 만큼, 신속하고 과감한 변화를 두려워하지 않는다. 그들이 제시하는 '창조'라는 표현은 폭력이나 불법적인 전복이 아니라, 국민의 광범위한 지지와 민주적 합의를 통해 기존 헌법과 국가 시스템을 근본부터 재설계하자는 데 더욱 가깝다. 만약 사회 구성원 대다수가 이를 지지하고 참여한다면 누구도 막을 수 없는 거대한 시대적 흐름으로 발전할 수 있을 것이기에, 이 공약에 많은 이들의 관심과 기대가 모이고 있다.

결국 MZ 세대 창조는 현재의 기득권 체제가 더는 국민에게 실질적이고 효과적인 해결책을 제공하지 못한다는 판단에서 출발했다. 그렇다면 이제는 MZ 세대가 직접 나서서 새로운 국가 운영의 틀을 만들겠다는 적극적인 의지를 담은 프로그램이다. 현(現)시대적 정쟁과 부패에 지친 시민들에게 이 공약은 신선한 충격이자 마지막 희망처럼 다가올 수 있다. 실제로 이 공약들은 법과 제도라는 현실의 벽을 넘어 '바꿀 수 있다.'는 믿음과 희망을 되살렸다는 점에서 큰 의미를 지닌다. 국민 다수가 '더 이상 이대로는 살 수 없다.'는 공감대를 형성하고 있는 만큼, 이제 창조의 횃불은 요원의 불길처럼 전국 방방곡곡 활활 타오를 것이다.

신헌법 제정과 신공화국의 탄생

　동키호테는 '신(新)공화국'이라는 구상을 제안한다. 단지 기존의 제도를 부분적으로 수정하거나, 개헌(改憲)을 반복하는 정도로는 한계를 뛰어넘기 어렵다는 현실을 수십 년간 목격했기 때문이다. 현재 대한민국은 계엄령과 탄핵 정국을 반복하며 시민들에게 피로감을 넘어 자괴감마저 안겨주었다. 그 과정에서 수많은 논의가 있었지만, 결국 '그 나물에 그 밥'이라는 말이 무색하지 않을 만큼 구질서는 더욱 견고해졌고 새로운 세대의 의견은 기득권 세력에 의해 철저히 외면당했다. 특히 지역감정과 이념 대립으로 얼룩진 기득권 구조는 이제 더 이상 손쓸 수 없을 정도로 고착된 상태다.

　그렇다면 해법은 무엇인가? 동키호테는 국가의 주춧돌부터 새롭게 다시 쌓아 올리는 전면적인 재설계, 즉 '신공화국'으로의 전환만이 유일한 해결책이라고 생각한다. 마치 금이 간 건물에 겉만 새롭게 칠해 놓고 '이제 괜찮아졌다.'고 말하는 식으로는 현재 대한민국이 직면한 복잡하고 심각한 문제들을 결코 해결할 수 없다. 진정으로 새로운 나라를 만들기 위해서는 헌법과 국가 제도 자체를 완전히 바꾸겠다는 수준의 결단이 필요하다. 국내외 정세가 급변하는 시대에서 지엽적인 개정만으로는 더 이상 한계를 극복할 수 없다는 사실을 이미 우리는 계엄령과 탄핵 소용돌이 속에서 충분히 경험했다.

동키호테는 특히 'MZ 세대'가 신공화국을 이끄는 주축이 되어야 한다고 강조한다. 지금까지 기성세대는 과거의 관성을 유지하기 위해 젊은 세대의 창의적 제안을 배제하고 무시해 왔다. 불편하고 문제가 있어도 '원래 그렇게 해왔다.'는 이유로 기존 제도와 문화를 그대로 유지하다 보니, 시대 흐름과 동떨어진 낡은 기득권이 국가 운영 전반을 장악하게 된 것이다. 이제는 더 이상 과거의 방식에 젊은 세대를 강제로 끼워 맞추지 않아야 한다. 앞으로 가장 오랜 기간 이 땅에서 살아갈 사람들이 정작 자신의 목소리를 낼 수 없다는 현실 자체가 매우 심각한 불합리이며, 이를 방치하는 것은 결국 집의 가장 튼튼한 기둥을 외면하는 일과 다름없다.

결국 지금 우리에게 필요한 것은 단순히 제도의 '수술'이나 '부분 개조'가 아니라, 완전한 '재탄생'이다. 그 출발점이 될 작업이 바로 새로운 헌법을 제정하는 것이다. 나는 기존의 대통령 단임제, 국무총리 체제, 단원제 국회가 현시대의 요구를 제대로 담아내지 못하고 있다고 판단한다. 이미 여러 차례의 탄핵과 국정 혼란을 겪으면서 국가 운영 체제의 기능적 한계가 명확히 드러났기 때문이다. 이는 더 이상 일시적인 땜질식 개헌으로 해결할 수 없는, 근본적이고 구조적인 문제라는 사실을 분명히 인식해야 한다.

그래서 다음과 같은 '두 갈래'의 방법을 제안한다.

첫째는 대통령과 부통령제를 도입하고 중간평가제를 시행하는 것이다. 지금과 같이 한 사람이 대통령직을 독점적으로 수행하다가 정치적·법적 위기에 빠지게 되면 국가 전체가 함께 마비되는 사태가 반복될 수밖에 없다. 이와 같은 악순환의 고리를 끊어야 한다. 이를 위해 대통령과 부통령을 동시에 선출하여 대통령이 직무를 수행할 수 없는 상황이 발생할 경우 부통령이 즉시 권한을 승계하도록 제도를 설계해야 한다. 임기는 6년으로 하되, 대통령이 당선 당시 50% 미만의 득표율을 기록했다면 결선 투표 대신 3년 뒤에 중간평가를 통해 국민에게 재신임 여부를 묻는다. 만약 중간평가에서 과반의 지지를 얻지 못하면 3개월 이내에 재선거를 실시하도록 하여 끊임없이 '탄핵'이라는 극단적 정쟁만 반복되는 대신, 국민투표를 통한 합리적이고 안정적인 권력 이양이 가능하게 해야 한다.

둘째는 국회 구조를 상·하 양원제로 전환하는 것이다. 현재의 단원제 국회는 다수당이 모든 것을 독주할 위험성이 크며, 법안 심사나 인사청문회, 예산 심의 과정에서도 충분한 견제 장치가 미흡하다. 따라서 상원과 하원이 서로를 견제하고 보완할 수 있는 구조를 만들어 국민의 다양한 의견을 균형 잡힌 형태로 국정에 반영하는 것이 더 바람직하다고 본다. 국회의원 수도 전국(全國의 의미보다 錢國 또는 戰國을 뜻하여 국민들의 원성이 자자함)구의원제 폐지를 포함해 지금보다 인원수를 대폭 줄여 약 200명 이하(예: 하원 150명, 상원 50명)로 운영하면 국민의 눈에 비치는 '특권 정치'에 대한 비판 여론도 상당 부분 완화될 수 있을 것이다. 또한 국회의원의 임기를 현행 4년에서 3년으로 단축하여, 무능하거나 부패한 의원을 신속하게 교체할 수 있는 길을 열자는 것이 동키호테 제안의 핵심이다.

여기에 더하여 지방의회 구조와 행정 체계 전반을 혁신하는 일 역시 필수적이다. 기초의회와 광역의회가 이중으로 설치되어 있어 막대한 세금이 비효율적으로 낭비된다는 지적은 이미 어제오늘의 이야기가 아니다. 상당수의 기득권 정치인은 지역주의에 편승해 선거에만 이용하거나, 자리를 유지하는 데 급급할 뿐 별다른 성과를 내지 못하고 있다. 그러므로 지방의회로 통합하거나 일부를 폐지하고, 국가 차원에서 의회의 정원과 수를 합리적으로 조정함으로써 행정력과 재정을 효율적으로 활용해야 한다. 이미 세계 여러 나라에서 지역 특성은 살리면서도 중복 지출을 최소화하는 다양한 지방 행정 모델을 도입하고 있는 만큼, 대한민국 역시 더 이상 뒤처져 있을 이유가 없다.

한편, 최근 사회적으로 큰 파장을 일으키고 있는 강력범죄 문제에 대해서는 '무관용 원칙'과 강력한 처벌을 적극적으로 검토해야 한다고 생각한다. 살인이나 아동학대처럼 인륜과 사회 질서의 근간을 파괴하는 범죄는 반드시 응분의 처벌을 받아야 한다. 필요하다면 사형제를 포함한 강력한 제재 수단을 마련해 범죄에 대한 억제력을 높일 필요가 있다. 다만 이러한 강력 처벌이 국제적으로 인권 논란을 일으킬 수 있으므로 충분한 사회적 합의가 전제되어야 한다. 하지만 '법을 제대로 집행하지 않는 국가에서는 아무리 좋은 제도를 만들어도 결국 변화가 없다.'는 점을 반드시 명심해야 한다. 새롭게 탄생하는 신공화국에서 부정부패 비리와 5대 악 척결을 국정의 주요 과제로 삼고 국민에게 신뢰받는 엄격한 법 집행을 시행한다. 지금은 인권과 자비의 오남용으로 근본 법질서가 무너지고 있어 결국 피해가 국민에게 돌아간다. 즉 자비는 자비고, 법은 법이다.

이렇듯 새 헌법을 기반으로 한 '신공화국'이 탄생한다면 국제 무대에서도 훨씬 더 주체적이고 유연한 행보를 펼칠 수 있을 것으로 확신한다. 과거처럼 미국과 중국 사이에서 줄을 서며 눈치를 보는 수동적인 외교에서 벗어나, 북한 문제와 자유통일 로드맵, 아시아 외교 전략까지 우리가 먼저 주도권을 가지고 선제적으로 구상할 수 있을 것이다. 특히 디지털 시대와 글로벌한 세계 정세의 복잡성을 직접 체감하며 성장한 MZ 세대는, 기존 세대와 달리 진영 논리에 매몰되지 않고 실용적이고 객관적인 관점에서 외교와 안보 문제를 바라볼 가능성이 높다. 이들이 국가 운영의 전면에 나설 새로운 체제야말로 대한민국의 숨겨진 잠재력을 최대한 끌어올릴 수 있는 강력한 동력이 될 것이다.

물론 이와 같은 변화가 현실화되기 위해서는 기득권 세력의 저항과 이견을 극복해야 한다. 그러나 과거의 탄핵 정국과 계엄 상황들을 돌이켜 보면, 지금이야말로 이런 과감한 변화를 시도할 수 있는 최적의 기회라는 생각이 든다. 한 세대가 통째로 정치에 등을 돌리고 투표장조차 외면하는 사회에 과연 미래가 있다고 할 수 있을까? 지금까지 수많은 청년들이 제시한 참신한 제안과 혁신적인 발상이 '어리다.', '비현실적이다.'라는 이유로 철저히 배제되고 묵살되었던 역사를 결코 잊어서는 안 된다.

결국 '신공화국'이라는 거대한 역사는 한국 정치의 파행과 혼란을 근본적으로 극복하기 위한 가장 강력하고 명확한 선언이다. '불가능하다.'는 냉소와 '어차피 안 된다.'는 체념은 또 다른 실패를 예고할 뿐이다. 이제 우리가 진정으로 주목해야 할 것은 혁신의 방향과 내용을 두고 제대로 된 토론과 합의를 이끌어 내는 일이다. 동키호테 역시 이 책을 통해 새로운 헌법과 제도 설계의 밑그림을 구체적으로 그려보고자 한다. 더 이상 구조적인 문제를 구태 정치의 땜질식 해결책으로 덮어둘 수 없다. 낡은 집을 허물고 완전히 새로운 집을 지어야 한다면, 늦었다고 생각하는 바로 지금이 오히려 가장 빠른 순간일 수 있다. 그리고 그 새집에 처음 들어설 주인이 바로 MZ 세대라면 이보다 더 희망적이고 의미 있는 소식이 있을까?

나는 확신한다. 우리가 꿈꾸는 '신공화국'은 결코 이루어지기 어려운 먼 이야기가 아니라는 것을 말이다. 이 구상을 심도 있게 발전시키고, 국민 대다수가 뜻을 모아 지지한다면 기존의 권력 구조에도 창조적 변화는 얼마든지 가능하다. 많은 사람들이 "과연 이게 성공할까?"라고 의문을 제기할 수도 있다. 하지만 역사를 돌아보면 언제나 현실을 바꾼 것은 '이상'을 구체적 계획과 실행으로 옮긴 사람들의 용기와 행동이었다. 지금 이 순간, 우리는 그 변화를 준비해야 한다. 그것이 바로 이 시대를 살아가는 우리가 짊어져야 할 과제이며, 다음 세대를 위해 마땅히 져야 할 책임이라고 믿는다.

  기성 정치 세대가 벌이는 이전투구식의 정쟁은 이미 곪아터질 대로 곪아터졌다. 서로가 상대를 죽이지 않으면 내가 죽는다는 식의 극단적인 정치 싸움에 대한민국의 미래는 한 치 앞도 내다볼 수 없을 만큼 암울해졌다. 바로 이 절박한 상황을 깨닫고 각성한 젊은 지성인들, 대학생들, 사회 초년생 등 MZ 세대가 분연히 일어나야 한다. 그들이 하나로 결집하여 해방 이후 지금까지의 낡은 시대를 끝내고, 새로운 역사의 문을 열어갈 주역으로서 거룩한 창조 세력으로 스스로를 조직하고 나서야 할 때가 바로 지금이다.

새 시대의 영웅 유승민
MZ 세대 창조단장(현 대한체육회장)

해방 이후 지금까지 대한민국은 보수와 진보의 극심한 대립과 영·호남의 첨예한 지역갈등, 최근에는 세대 간 갈등까지 겹쳐 더욱 심각한 혼란에 빠져 있다. 특히 윤석열 대통령 집권 이후 진영 간 갈등이 탄핵 논쟁으로 확대되면서 국가의 미래조차 예측하기 힘든 상황이 지속되고 있다. 이런 혼란 속에 희망을 잃어가는 MZ 세대의 좌절감은 날로 깊어지고 있다. 바로 이와 같은 분열과 갈등의 역사를 끝내고, 새로운 역사를 세우는 것을 우리는 '창조'라고 부른다.

이에 머털도사는 대한민국이 살아남을 수 있는 창조삼법(三法)을 계시했다. 그는 지금이야말로 대한민국을 구하고, 더 나아가 한반도의 자유통일이라는 대업을 완수할 시대적 영웅이 필요하다고 하셨다. 그리고 수십 년 전에 오늘 같은 혼란을 예견하고 미리 큰 인물을 인천 강화도에 내보냈다고 말씀하셨다. 마치 중국 초한대전의 난

세에 등장해 통일 대업을 이룬 영웅 유방과 같이, 현재의 혼란을 종식하고 대한민국을 새로운 길로 인도할 리더가 바로 유승민 대한체육회장이라는 것이다. 머털도사는 그를 '새 시대의 영웅'으로 지목하며, 이제 새로운 시대의 역사를 선포할 때가 왔다고 동키호테에게 세상에 널리 알리라고 전하셨다.

동키호테는 정신이 번쩍 들어, 머털도사의 계시를 황급히 받아 적었다. 머털도사께서 전한 창조삼법(三法)은 다음과 같다.

첫 번째 법은 바로 '사람을 바꾸라.'는 것이다. 지금까지의 정치적 갈등과 분열은 결국 같은 인물들이 끊임없이 반복해 권력을 잡고, 그들끼리 자리만 바꿔가며 지탱해 온 결과다. 이미 익숙한 얼굴들을 그대로 두고 아무리 헌법을 고치고 제도를 바꿔본들 결과는 달라지지 않는다. 대통령제를 4년 중임제로 개헌한들 민주당에게만 유리한 구조가 되고, 국민의힘은 다시 탄핵의 소용돌이에 빠질 위험성이 크다. 따라서 이제 기성 정치인들이 아닌, 완전히 새로운 인물을 세워 대한민국 재창조를 이뤄야 한다는 의미다. 대통령을 40대에서 50대로, 국무총리를 20대에서 30대로 뽑아 새 시대 창조의 신호탄으로 알려야 한다.

두 번째 법은 '정치의 중심을 수도권으로 이동시키라.'는 것이다. 해방 이후 지금까지 대한민국 정치는 호남과 영남의 지역주의적 대립에 갇혀 있었다. 이제는 그 무대를 서울, 경기, 인천 등 수도권 중심으로 옮김으로써 지역감정과 오랜 갈등을 해소할 필요가 있다. 이를 위해 인천 강화도 출신의 유승민 대한체육회장을 MZ 새 시대 창조단장으로 세우고 차기 대통령 국민후보로 추대하여 선거에서 압도적으로 승리해야 한다는 구상이다. 수도권의 압도적 지지가 이루어진다면 다른 지역들도 자연스럽게 동참하며, 차기 대선에서 수도권 유승민 후보가 대통령으로 당선되는 순간 지역주의의 장벽은 서서히 허물어질 것이다.

세 번째 법은 헌법과 국가 시스템 자체를 완전히 새로 세우라는 것이다. 지금까지의 헌법은 좌우 이념의 대립과 지역갈등을 해결하지 못한 채 오히려 분열과 갈등을 키워왔다. 따라서 기존의 헌법과 시스템으로는 더 이상 국가적 혼란과 위기를 극복할 수 없다. 지금까지의 현(現) 대한민국(Before 대한민국)은 역사 속으로 보내고, MZ 세대가 주축이 되는 새로운 헌법 아래 After 대한민국, 즉 신(新)대한민국을 만들어야 한다. 과거의 잘못된 정치, 지역감정, 혼란을 역사의 뒤편으로 넘기고, 깨끗하고 순수한 상태에서 국가를 재설계해야 한다. 결국 사람과 장소 그리고 시대를 바꾸지 않는 이상 대한민국의 미래는 정녕 없을 것이다.

이제 MZ 세대의 시대적 사명은 분명해졌다. 더 이상 수동적으로 미래를 기다릴 시간이 없다. 낡은 과거와 결별하고 새로운 공화국 창조라는 중대한 시대적 소명을 이뤄낼 주역이 바로 MZ 세대다. 혼란과 분열로 얼룩진 현재의 위기를 극복하고, 국가적 난제를 해결할 유일한 희망이자 대안은 MZ 새 시대 창조단뿐이다.

　이러한 새로운 역사의 창조가 단지 꿈에 그치지 않고 현실이 되기 위해서는 국민적 공감대와 전폭적인 지지가 절실하다. 기존의 정치권력을 과감히 재편하고, 더 나은 미래를 위한 새로운 중심축을 설정할 때가 바로 지금이다. 머털도사의 예언처럼 시대의 영웅인 유승민 단장을 중심으로, 대한민국을 모두가 살기 좋은 나라로 만드는 창조의 역사가 시작될 것이다.

　지금의 혼란을 끝내고 새로운 역사를 여는 첫걸음은 수도권 인천 출신의 유승민 단장을 차기 대통령으로 선출하는 것이다. 새로운 대한민국을 향한 출발점은 바로 MZ 세대와 5천만 국민의 손에 달려 있다.

잘 사는 국민 좋은 나라
― 조세제도, 특히 상속세를 낮춰야 할 세 가지 이유

**상속은 부의 대물림이 아닌 노력에 대한
정당한 대가이자 신성불가침한 재산처분권이다**

상속을 단지 '부의 대물림'이라는 편견으로 바라보는 시각이 있지만 이는 옳지 않다. 상속은 한 개인의 성실한 노력으로부터 시작되고 평생을 헌신해 이뤄낸 성과에 대한 정당한 대가이며, 스스로 축적한 재산을 원하는 대로 처분할 수 있는 '신성불가침한 권리'이다. 특히 기업가들이 오랜 세월 각고의 노력과 희생으로 일궈낸 재산을 지나치게 높은 세율의 상속세라는 명목으로 징벌하듯 거둬가는 것은 결코 바람직하지 않다.

이와 관련하여 부산을 대표하는 향토기업이자, '인디안'에서 '웰메이드'로 상호를 바꾼 세정그룹 박순호 회장의 사례는 매우 의미 있는 교훈을 준다. 박 회장은 어린 시절 초등학교를 졸업한 직후 마산 시장에서 내의 가게 점원으로 일했다. 당시 또래 친구들도 함께 일했지만, 박 회장은 유독 남다른 근면과 성실함으로 열심히 일을 배웠고, 짬이 날 때마다 내의 제조 공장에서 직접 기술까지 익혔다. 퇴근 후에도 친구들과 어울리기보다는 검정고시 준비에 매달려 중·고등학교 과정을 마쳤으며, 이후 대학 교육까지 스스로의 힘으로 완성했다. 반면 그의 또래 친구들은 그 시간을 그저 술자리와 유흥으로 보내기에 바빴다.

결국 박 회장은 이 같은 남다른 노력과 열정 덕분에 50년 전 맨손으로 창업한 작은 회사를 '인디안', '올리비아로렌', '웰메이드' 등 대한민국을 대표하는 유명 패션 브랜드를 보유한 대기업으로 성장시킬 수 있었다. 박 회장의 사례는 부의 축적이 단순한 행운이나 우연이 아니라 개인의 철저한 노력과 헌신의 결과물임을 잘 보여준다.

다른 예를 들어보자. 두 사람이 각각 100억 원의 재산을 상속받았다고 가정해 보자. 한 사람은 받은 돈을 기반으로 열심히 사업을 일구어 1,000억 원까지 자산을 불렸다. 반면 다른 사람은 상속받은 돈을 낭비하며 결국 탕진했다. 이후 이 두 사람에게 부과되는 상속세는 어떻게 달라질까? 불행히도 현행의 지나치게 높은 상속세율 구조에서는 열심히 노력해 재산을 불린 사람이 오히려 징벌적 성격의 과중한 상속세 부담을 지게 된다.

또 다른 사례로 세계적인 기업인 현대자동차를 살펴보자. 요즘 현대자동차는 회사 주가가 오를까 봐 초긴장 상태다. 정상적인 시장 상황이라면 실적이 우수한 현대차에 투자자가 몰려 주가가 상승하는 게 당연한 일이다. 하지만 현대차 경영진은 오히려 주가가 오르는 것을 막기 위해 전전긍긍하고 있다. 매출과 수익이 늘어날 것으로 예상되면 눈치 빠른 노조는 곧장 임금 대폭 인상을 요구하며 파업에 들어간다. 약 2주 내외의 파업만으로도 언론에는 "1조 원대의 매출 손실이 발생했다."는 뉴스가 대대적으로 보도된다. 파업을 마친 노조는 임금 인상뿐만 아니라 보너스, 자사주, 상품권, 휴가 등 다양한 혜택을 얻는다. 반면 경영진은 파업 덕분에 회사의 이익을 의도적으로 줄일 수 있어, 결과적으로 주가가 오르는 걸 막는 효과를 거둔다. 노조와 경영진 모두가 '누이 좋고 매부 좋은' 짜고 치는 고스톱처럼 공생하고 있는 셈이다. 이런 상황이 발생하는 근본 원인은 결국 높은 상속세 부담 때문이다. 주가가 상승하면 재산 가치가 높아져 최고 60%에 이르는 막대한 상속세를 부담해야 하는데, 누가 적극적으로 주가를 올리고 싶겠는가? 이는 비단 현대차만의 문제가 아니다. 국내 상속이 예상되는 많은 기업이 공통적으로 겪는 고민이며, 결과적으로 우리나라 증시가 장기적으로 성장하지 못하는 이유 중 하나로 작용하고 있다.

이런 구조는 결국 기업과 개인의 성취 의욕을 꺾는 역효과를 불러오며, 성실하게 부를 축적한 이들에게는 오히려 상대적 박탈감을 주는 불합리한 상황을 초래한다. 또한, 부부간 상속에 대한 과세는 당연히 없애야 하며, 자녀가 부모의 사업체에 오랜 기간 헌신하며 기업 성장에 크게 기여했다면, 상속 재산의 상당 부분은 그 자녀의 노력으로 인정해 상속세를 산정할 때 충분히 반영해야 한다.

즉, 가업상속은 현대자동차의 정의선 회장 사례처럼 2세가 경영을 맡은 이후 기업의 자산이 증가했다면, 그 증가분은 단순히 부모로부터 물려받은 재산이 아닌 2세의 경영 성과로 간주하여 상속 재산에서 제외하는 것이 합리적이다. 사실 '부의 대물림'이란 표현 자체도 매우 당연하고 자연스러운 일이다. 부모들이 평생 힘들게 일하고 돈을 아껴가며 살아가는 가장 큰 이유 중 하나는 결국 자녀에게 더 나은 삶을 제공하기 위해서다. 누구도 타인에게 상속하기 위해 평생 고생하며 재산을 모으지 않는다. 자신의 분신과도 같은 자녀에게 재산을 물려주는 것은 지극히 자연스러운 인간의 본성이다. 그러므로 자신이 스스로 평생 쌓은 재산의 처분권은 오롯이 본인에게 있으며, 이는 누구도 감히 침범할 수 없는 신성한 권리다.

다만, 한 개인이 부를 축적하는 과정에서 국가가 제공한 사회적 안전망과 인프라의 혜택을 받았다는 점은 인정해야 한다. 국가를 지키는 군인, 국민의 안전을 담당하는 경찰, 일상생활에 필요한 의식주를 공급하는 모든 이들의 헌신이 있었기에 개인의 경제적 성취도 가능했다. 이러한 사회적 기여에 대한 감사와 보답의 의미로서 상속세가 부과되어야 한다. 그러나 이는 어디까지나 사회적 책임과 감사의 표현이어야지, 결코 '부의 대물림'을 비난하거나 징벌하는 형태가 되어서는 안 된다.

이러한 의미에서 상속세의 적정 최고 세율은 기본 20%, 대기업 및 대주주, 독점기업 등은 가산 5%, 국가의 자유통일 미래를 준비하는 '한반도기금' 출연 5% 등을 포함하여 최대 30% 정도가 적정하다. 또한, 생전에 미리 상속세를 분할 납부 할 수 있는 '상속연금제도'를 도입하면, 실제 상속 발생 시 납부 부담을 상당히 줄일 수 있는 합리적 대안이 될 수 있다. 또 부부간의 상속세는 당연히 없는 것이고 많은 2세들이 부모들의 사업체에 수십 년간 헌신적으로 일하고 기업을 성장시키는 데 일조했으면 상속 재산의 상당 부분이 2세들의 노력의 결과로, 상속 시 충분히 반영되어야 한다.

앞서 언급한 박순호 회장은 실제로 업계 최초로 개인 자산을 포함한 총 330억 원을 출연해 사회복지법인 세정나눔재단을 설립하고, 오랫동안 지역사회 발전과 노블레스 오블리주 문화 확산에 앞장서 왔다. 또한 고액기부자 모임인 '아너소사이어티' 부산 지역에 1호로 가입하여 매년 지역의 청소년과 대학생들에게 장학금을 지원하고 있으며, 최근에도 부산 사랑의열매를 통해 총 4억 원 상당의 의류와 성금을 기부하는 등 적극적인 사회공헌 활동을 펼치고 있다.

이처럼 기업가들의 성취와 기여를 단지 '부의 세습'이라는 부정적 표현으로 평가절하해서는 안 된다. 기업인들의 성취는 오히려 사회적 책임과 나눔으로 연결되는 선순환을 낳는다. 상속세율을 합리적으로 낮추면 더 많은 기업가들이 자발적으로 사회에 환원하고 존경받는 문화를 만들 수 있다. 지금과 같은 높은 상속세율은 오히려 기업가들의 선의를 위축시키고 사회적 기부와 공헌의 여지를 좁힐 뿐이다. 따라서 상속세율을 합리적 수준으로 조정하여, 많은 기업인들이 박순호 회장처럼 사회에 기여하고 존경받을 수 있는 환경을 만들어야 한다.

돈은 생산 주체에 있어야
국가 경제가 발전한다(주가지수 10,000포인트 달성의 길)

경제의 주체는 크게 정부와 가계, 그리고 기업으로 나뉜다. 정부는 본질적으로 소비 주체이고, 가계는 소비와 생산의 성격을 함께 가진 혼합적 주체이다. 이에 비해 기업은 명확히 생산에 특화된 주체이다. 기업은 투자를 통해 새로운 상품과 서비스를 창출하고, 고용을 증가시키며, 국가 경제 발전을 위한 핵심적인 역할을 담당한다.

그러나 현재 우리나라의 지나치게 높은 상속세율은 이런 기업의 생산적 역할을 저해하는 주요 요인으로 지적된다. 높은 상속세율을 통해 기업의 자산이 정부로 이전되는 것은 결국 생산의 핵심적인 자금을 소비적 성격이 강한 정부로 이동시키는 결과를 초래하기 때문이다. 정부가 이렇게 세금으로 흡수한 자금은 대부분 복지 및 소비성 지출로 사용되며, 장기적으로 경제의 지속적인 성장과 발전을 이끌기 어렵다.

예를 들어, 한 기업인이 5조 원의 자산을 다음 세대로 상속한다고 가정해 보자. 현재 우리나라의 최고 상속세율이 약 60%에 달하기 때문에, 기업이 내야 할 상속세는 무려 3조 원에 이른다. 그렇게 되면 실제로 기업에 남는 자금은 2조 원에 불과하다. 이는 기업이 수십 년 동안 축적한 자본의 대부분을 단번에 정부가 가져가 소비 용도로 써버리는 셈이다. 기업은 축적한 자금을 새로운 설비 투자나 연구개발, 신사업 창출 등에 활용해야 장기적인 발전과 국가 경제 성장에 기여할 수 있지만, 현실적으로는 상속세 부담 때문에 그러한 투자가 현저히 위축될 수밖에 없다.

 이러한 상황은 외국인 투자자와 글로벌 주식 투자 전문가들이 한국 주식에 대해 중장기 투자를 꺼리게 만드는 주된 이유 중 하나이기도 하다. 즉, 상속세가 과도하게 높으면 기업의 지속 가능한 성장 잠재력이 떨어지고 장기적 경쟁력이 약화되어, 주가 역시 단기적으로만 반짝 상승할 뿐 중장기적으로 지속 가능한 성장을 이루기 어렵기 때문이다. 따라서 한국 증시가 미국이나 유럽 등 선진국처럼 안정적으로 성장해 주가지수 10,000포인트 이상으로 올라가기 위해서는, 기업의 자금이 더욱 효과적으로 생산적인 목적으로 활용될 수 있도록 상속세 부담을 낮추는 것이 필수적이다.

 실제로 기업이 성장하고 발전하면, 이 과정에서 창출된 부가가치는 고용 증가와 소득 증대, 소비 활성화 등 다양한 방식으로 사회 전반에 퍼져나간다. 이는 다시 기업의 성장으로 연결되는 경제의 선순환을 만들어 낸다. 반면 정부가 지나치게 많은 세금을 징수해 생산 자금을 소비 자금으로 전환시키면 단기적인 소비는 증가할 수 있지만, 결국 생산 기반을 위축시켜 경제의 지속 가능한 성장에는 근본적인 한계를 가져온다. 따라서 상속세율을 합리적으로 낮춰 기업들이 스스로 생산적 투자를 확대할 수 있는 환경을 만들어야 한다.

기업이 안정적으로 투자와 고용을 늘리고 지속 가능한 성장을 이룰 때, 비로소 국가 경제 전체가 함께 성장하는 선순환이 형성될 수 있다. 이를 통해 대한민국 경제가 장기적으로 발전하고, 한반도기금과 상속연금기금도 주식시장의 큰손 역할이 기대되어 주가지수 10,000 포인트 시대를 여는 기반이 마련될 것이다.

기업인의 '노블레스 오블리주'

미국의 빌 게이츠, 워런 버핏 등 세계적 부자들은 자신의 재산 대부분을 사회에 환원하겠다고 공개적으로 약속하고, 매년 수조 원 규모의 기부를 통해 세계 곳곳의 난치병 환자와 가난한 사람들을 돕고 있다. 이들이 막대한 사회적 기여를 하는 이유는 상속세가 적정 수준에서 유지되어, 자신들이 사회적 기부를 자발적으로 선택할 여유와 환경이 마련되었기 때문이다.

만약 미국이 우리나라처럼 최고 세율 60%의 상속세를 강제했다면 이 같은 사회적 기부는 현실적으로 불가능했을 것이며, 불필요한 조세 회피와 경제적 일탈 행위가 만연했을 가능성이 크다. 미국이 지금과 같은 초일류 국가로 성장한 배경에는 이러한 자유로운 사회적 기부 문화가 큰 역할을 하고 있다.

우리나라 또한 상속세율을 대폭 낮추어 기업인들이 자발적으로 사회적 기여를 할 수 있는 문화를 만들어야 한다. 노년이 되었을 때 자연스럽게 사회 환원을 선택함으로써 기업인은 국민들로부터 존경

받고, 사회는 더욱 풍요로워질 수 있는 기회를 마련해야 한다.

생활안정기금 조성의 필요성

국가는 저소득층과 사회적 약자를 보호하고 안정된 생활을 보장해야 할 의무가 있다. 그러나 현재의 소득세와 재산세 부과 기준은 저소득층과 사회 초년생들에게 너무나 가혹한 부담이 되고 있다.

소득세 부과 최소 기준이 연 1,400만 원으로 설정되어 있지만, 공제를 받더라도 생활고에 시달리는 이들에게는 큰 부담이다. 또한 낡고 허름한 주거지에도 재산세를 부과함으로써 저소득층과 사회 초년생의 재산 형성을 더욱 어렵게 만들고 있다.

누군가에게는 25만 원이 절실한 생활비이지만 또 다른 누군가에겐 사소한 용돈일 수 있다. 선거철마다 정치적 목적으로 모든 국민에게 똑같이 지원금을 지급하는 대신, 그 예산을 저소득층과 사회 초년생의 세금 부담을 실질적으로 낮추는 데 써야 한다. 이들에게 소득세와 재산세 면세 기준을 현실적으로 올려 실질적인 재산 형성에 기여할 수 있게 해야 한다.

또한, 저소득층이나 사회 초년생이 저축하면 정부가 추가적인 인센티브를 제공해 장기적인 경제적 자립 기반을 마련할 수 있도록 도와줘야 한다. 이를 통해 국민들이 보다 빠르고 안정적으로 자립할 수 있는 환경을 만들어 줄 필요가 있다.

결국, 세금은 단순히 징수하고 소비하는 데 그쳐서는 안 된다. 합리적인 조세제도를 통해 자산이 생산 주체에게 더 많이 남을 수 있도록 하고, 기업인들이 자발적으로 사회 환원을 선택할 수 있는 여건을 만들어야 한다. 또한, 사회적 약자와 저소득층이 경제적 안정을 이룰 수 있도록 적극적으로 지원하는 정책이 필요하다.

이러한 과정을 통해 국민이 잘살고 기업이 건강해지며, 국가 전체가 더욱 풍요로운 좋은 세상을 만들 수 있다.

국민 화합을 위한 대사면 실시

MZ 창조를 통해 새롭게 탄생한 신공화국은 과거의 분열과 갈등을 뛰어넘어, 모든 국민이 하나 되는 통합과 화합의 시대로 나아가기 위한 중대한 전환점에 서 있다. 이에 새 시대 정부는 국민 대통합과 사회적 화합이라는 상징적 취지에서 대사면을 전격적으로 실시한다.

대사면은 단지 형벌을 면제하거나 감경하는 데 그치는 것이 아니라, 과거의 아픔과 갈등을 해소하고 새로운 시대를 맞이하기 위한 통합의 첫걸음이자 역사적 선언이다. 이를 통해 과거 정권에서 발생한 정치적 갈등과 분열을 치유하고, 신공화국의 새로운 질서와 미래를 향해 나아가기 위한 사회적 통합의 기반을 다지고자 하는 목적이 있다.

기본적으로 대사면은 구체제하에서 발생했던 사건 중 과거의 혼란스러운 정치적 상황에서 본의 아니게 연루된 인물들을 중심으로 실시된다. 그러나 살인·강도와 같은 흉악범죄나 보이스피싱, N번방 성범죄, 마약 범죄, 전세사기 등 5대 악은 국민에게 심각한 피해와 사회적 충격을 준 중대 범죄이므로 엄격히 제외하며, 대사면의 취지와 가치를 훼손하지 않도록 명확한 선을 긋는다.

반면, 과거 체제의 정치적 사건이나, 정쟁과 갈등의 과정에서 어쩔 수 없이 연루된 사람들에게는 폭넓게 사면의 기회를 부여한다. 특히 20대 윤석열 대통령 시절, 계엄 명령에 따라 충실히 임무를 수행했던 군인과 경찰 등 공직자 전원을 특별히 사면하여 명예와 지위를 회복시키고자 한다. 이들은 국가에 대한 무한한 충성심과 복종의 의무를 다했을 뿐이며, 그 책임을 개인에게 묻는 것은 국가의 도리가 아니다. 이들에 대한 사면과 복권은 국가의 공권력 집행과 국민의 신뢰 회복에도 긍정적인 메시지를 전달할 것으로 기대된다.

대사면의 실시 방법은 신속하고도 명확한 절차를 통해 이뤄질 것이다. 대통령 직속으로 특별사면위원회를 구성하여 심사 및 평가를 철저히 하되, 사면 대상자를 명확히 하고 선정 과정의 공정성과 투명성을 확보하여 국민적 공감대를 형성할 것이다. 또한 사면 후 사회 복귀를 위한 제도적 지원과 사회적 통합 프로그램도 함께 제공하여 진정한 의미의 국민통합을 실현할 계획이다.

이러한 대사면은 다음과 같은 구체적인 효과를 가져올 것으로 기대한다.

첫째, 과거 체제의 갈등을 해소하고 신공화국이 지향하는 대통합의 가치를 국민들에게 분명히 전달함으로써 사회적 안정과 화합을 이끌 것이다.

둘째, 정치적 사건에 연루된 국민들에게는 공정한 회복의 기회를 제공하여, 국민적 상처를 치유하고 신뢰와 화해의 문화를 구축할 수 있을 것이다.

셋째, 계엄령 사건에 연루된 군경 등 공직자에 대한 전면 사면은 군과 경찰의 사기를 진작시키고, 이들이 다시 국가와 국민을 위한 충성스러운 봉사자로 자리매김할 수 있는 환경을 조성할 것이다.

궁극적으로 이번 대사면은 MZ 새 시대 창조를 통해 새롭게 출발하는 신공화국의 위대한 미래를 향한 힘찬 첫걸음이자, 국민이 함께 참여하고 공감하는 진정한 국민통합과 사회적 화합의 역사적 계기가 될 것이다.

자유통일을 향한 다섯 가지 길

머털도사께서는 김정은이 김일성 왕조의 마지막 왕이 될 것이라고 말씀하시며, 신공화국이 통일을 국정의 핵심 과제로 삼고 반드시 자유통일을 완수하여 남북 전쟁의 파멸적 위험에서 벗어나 태평천하를 이루라는 계시를 내리셨다. 통일은 과거에도 그랬듯이 지금도 '언젠가는 이뤄야 할' 역사적 과제처럼 여겨지고 있다. 그러나 현실을 조금만 들여다보면 통일은 결코 단순한 이상이나 구호만으로 성취될 수 없음을 깨닫게 된다. 남북이 가진 서로 다른 체제와 제도, 수백만 명의 사상자를 낳은 6.25 전쟁 이후 오랜 세월 쌓여온 깊은 적대감, 주변국의 복잡한 이해관계 등은 통일을 가로막고 있는 거대한 장벽이다. 그럼에도 불구하고 많은 사람들이 '언젠가는 통일이 되겠지.'라는 막연한 기대만을 품고 있을 뿐, 통일 이후를 위한 구체적인 대비책과 비용 마련에는 소홀한 실정이다.

무엇보다 지금까지 낡은 언어로만 포장되어 온 '통일'이라는 개념이 실제 우리 삶에서 어떻게 작동할지 생각해 보면, 고민해야 할 문제는 끝이 없다. 북한 주민들을 우리 국민과 동일하게 지원해야 할 막대한 복지 비용을 어떻게 감당할 것인가? 오랜 기간 독재 체제 속에 깊이 뿌리내린 김씨 왕조는 과연 어떤 계기로 무너질 것인가? 미국·중국·러시아 같은 주변 강대국들은 어떤 식으로 한반도의 통일 과정에 개입할 것인가? 이와 같은 근본적이고 현실적인 의문을 진지하게 다루지 않는다면 통일이라는 단어는 허공에 떠버린 이상론으로 그칠 가능성이 크다.

따라서 우리는 좀 더 현실적이고 치밀한 계획이 필요하다. 이 글에서 제시하는 '자유통일 5대 원칙'은 바로 그러한 현실성에 주목한다. 통일 준비의 토대가 될 재원을 어떻게 마련하고 관리할 것인지, 북한의 세습 정권이 무너지는 과정에서 어떠한 변수들이 작용할 수 있는지, 왜 중국이 핵심적 역할을 하게 되는지, 북한 주민들의 자발적인 호응과 참여는 어떻게 이끌어 낼 것인지, 그리고 UN 등 국제사회와는 어떤 협력 구조를 만들어 나갈 것인지에 대한 구체적인 청사진이다. 즉, 막연히 '통일이 되었으면 좋겠다.'는 바람을 넘어 통일이 이루어질 때까지 우리가 무엇을 어떻게 준비할 것인지, 그리고 통일 이후 어떤 사회를 만들어 갈 것인지에 대한 명확한 로드맵을 제시하고자 한다.

통일 비용과 한반도 재단

먼저, 가장 절실히 해결해야 할 문제는 '돈'이다. 통일 비용을 마련하지 않는다면 통일은커녕 통일 이후 발생할 대혼란조차 제대로 수습하기 어렵다. 동키호테가 "우리의 자유통일은 적자(赤字) 통일이고, 북한의 적화통일은 북한 입장에서는 흑자(黑字) 통일"이라며 경고한 것은 괜한 겁박이 아니다. 북한의 인프라를 남한 수준으로 끌어올리고 북한 주민에게 동일한 복지 혜택을 제공한다고 가정할 때 드는 비용은 상상을 초월한다. 도로와 철도를 새로 건설하고, 전기 및 상하수도 시설을 재건하며, 북한 주민 거의 전부가 대상이 될 급격히 늘어난 복지 수요를 감당하려면 최소 1,500조 원 이상의 천문학적 재원이 필요하다. 이러한 현실을 두고 "차라리 통일을 하지 않는 게 낫지 않나."라는 냉소적인 반응이 나오는 것도 어찌 보면 당연하다.

하지만 우리는 통일을 선택할 수 있는 문제가 아니라 '언젠가 반드시 닥쳐올 필연적 사건'으로 바라봐야 한다. 마치 해방 후 우리의 의지와 상관없이 38선으로 분단이 되었던 것처럼, 통일 역시 우리의 뜻과 상관없이 찾아올 수 있다. 자유통일은, 우리가 원하지 않더라도 북한 내부의 급격한 변화나 국제 정세가 돌변하면 어느 날 갑자기 통일의 문이 열릴 수 있다. 그 순간 "돈이 없으니 못 하겠다."며 외면할 수는 없다.

그래서 떠오른 대안이 바로 '한반도 재단' 설립이다. 한반도 재단은 정권 교체 때마다 폐지되고 바뀌는 5년짜리 통일정책으로는 진정한 통일 준비가 불가능하며, 기존 정책은 단지 보여주기식에 불과하다는 문제의식에서 출발한다. 따라서 이 재단은 정권 변화와 상관없이 지속적으로 통일 업무를 전담하고 관리할 수 있는 민간 특수조직 형태를 지향한다. 한반도 재단을 대표하는 총장은 통일정책의 독립성 유지를 위하여 국민직선제로 선출하고 임기는 10년으로 한다.

한반도 재단의 재원은 기존 정부의 통일부와 평화통일자문회의(**평통**) 등 통일 관련 정부기구들의 예산을 통합하고, 조세제도 개편을 통해 상속·증여세 및 일정 소득세 조정을 통해 5% 내외를 기금으로 출연하여 확보한다. 또한 상속에 따른 일시적이고 막대한 세금 부담을 완화하기 위해 상속세 선납 개념인 '상속연금기금' 제도를 도입하고, 그 운용수익의 일부를 통일 기금으로 출연한다. 물론 실제 상속이 발생할 시점에 납입금과 운용수익을 합산하여 최종적인 상속세와 비교, 정산하는 방식이다. 국민에게 별도의 부담을 주는 '통일세' 개념은 도입하지 않는다. 상속연금기금의 원금은 100% 안전자산에 투자하며, 운용수익만을 국내외 다양한 투자처에 굴려 수익성을 극대화하는 구조가 대표적이다.

아직은 어디까지나 구상 단계이지만, 한반도 재단 내에 '한반도기금'과 '상속연금기금'을 설립하여 통일 시나리오에 따른 구체적인 인프라 투자 계획을 사전에 준비한다면, 막상 북한이 개방되었을 때 신속하게 대응할 수 있다. 또한 한반도 재단은 전국에 광역 단위로 지부를 설립하여 북한의 5개 도(道)와 남한 각 지역 간 가상의 자매결연관계를 추진하고, 통일 후 신속하게 해당 지역에 파견하여 현지 안정을 도모한다. 이와 연계해 현재 운영 중인 이북 5도의 '명예 도지사' 제도를 확대하여 '명예 군수' 제도도 신설할 수 있다. 남한으로 자유를 찾아 내려온 북한 출신의 탈북민을 뜻하는 '자남민'을 통일 후 북한 각 지역에 파견하여 현지 주민들과의 소통 및 행정 지원 역할을 맡기는 것도 준비된 전략 중 하나이다.

이러한 방식은 통일 이후 발생할 수 있는 막대한 혼란을 사전에 예방하여 정부의 부담을 크게 덜 수 있다. 결국, 통일 준비는 더 이상 추상적 구호가 아니라 '돈'과 '조직'이라는 구체적이고 현실적인 수단을 갖춰야만 진정한 실현이 가능하다는 것이 이 구상의 핵심이다.

김일성 왕조의 종식

다음으로 중요한 문제는 '김일성 왕조의 종식'이다. 김일성 왕조가 존재하는 한 자유통일은 절대 이뤄질 수 없다. 김씨 세습 정권이 계속 유지된다면, 우리가 맞이할 수 있는 것은 오직 적화통일뿐이다. 그렇기 때문에 자유통일을 바라는 입장에서 김일성 왕조의 종식은 사실상 필수 조건이라고 할 수 있다. 현재의 북한 체제에서 김정은이 남한 주도의 자유통일을 받아들일 가능성은 거의 없기 때문이다.

이런 관점에서 우리는 김씨 왕조가 언제, 어떤 방식으로 무너질지를 깊이 고민해야 한다. 역사적으로 독재 체제는 겉보기엔 매우 강력해 보이지만, 내부 권력투쟁이나 경제 붕괴, 국제사회의 지속적인 제재 등이 복합적으로 작용할 때 의외로 쉽게 무너지는 경우가 많았다. 북한의 '마지막 왕'이라 불리는 김정은이 건강 문제로 갑작스럽게 사망할 경우, 후계자로 지목된 김주애 주변에서 김여정, 이설주, 현송월 등 권력층 인물 간의 암투나, 이른바 '왕녀의 난'과 같은 권력투쟁이 발생할 수 있다. 또한 궁중 내 암투와 더불어 김정은의 일거수일투족을 가장 잘 알고 있는 최룡해, 조용원이나 군부 실세들에 의한 반란 가능성도 배제할 수 없다. 왜냐하면 김정은의 갑작스러운 사망 이후 측근들은 권력에서 밀려나면 곧 죽음을 맞을 수도 있다는 절박감이 있기 때문이다.

한편으로는 북한 체제에 대한 불만이 누적된 장마당 세대가 중심이 되어 체제 저항과 봉기에 나설 가능성도 존재한다. 늦어도 장마당 세대의 자식 세대가 주도권을 잡을 무렵에는 더 이상 김일성 왕조의 낡은 통치 방식이 작동하지 않을 수 있다. 제방이 처음엔 졸졸 물이 새다가도 결국 한꺼번에 무너지듯, 북한 내부의 체제 불만 역시 임계점을 넘으면 예상치 못한 순간 한 번에 폭발할 수 있다.

만약 북한에서 실제 봉기가 발생하고 김정은 본인이 생명의 위협을 느껴 망명을 조건으로 정권 포기를 제안한다면, 우리는 어떤 선택을 해야 할까? 국제사회가 북한 내부의 저항을 공식적으로 지원하게 된다면 우리는 또 어떻게 대응할 것인가? 이러한 시나리오가 현실과는 동떨어진 허무맹랑한 상상처럼 보일 수도 있겠지만, 독재 정권의 몰락은 늘 '전혀 예상치 못한 순간'에 찾아왔음을 역사는 이미 수차례 보여주었다. 당장 시리아의 독재자 아사드나 리비아의 카다

피, 루마니아의 차우셰스쿠도 '절대 무너지지 않을 것'이라는 예상을 비웃듯이 붕괴한 바 있다. 따라서 우리는 이러한 역사적 교훈을 바탕으로 북한 정권의 갑작스러운 붕괴 시나리오에 대해 구체적으로 고민하고 철저히 대비해야만 한다.

지중(知中) 정책

김정은이 북한의 마지막 왕이 될 징조가 여러 곳에서 서서히 나타나고 있다. 몇 년 전부터 중국과 북한의 관계가 심상치 않다는 관측이 나오기 시작했다. 특히 중국과 북한의 관계가 결정적으로 틀어진 것은 트럼프 전 미국 대통령 임기 중 김정은이 미국과의 정상회담을 여러 차례 가지면서부터였다. 이로 인해 시진핑 주석은 김정은과 관계가 멀어진 데다, 김정은이 중국보다 러시아 쪽에 급속히 기울자 더 큰 불쾌감을 느끼게 되었다.

최근 김정은은 푸틴의 미사일 등 군사기술 이전이라는 달콤한 제안에 현혹되어 우크라이나 전쟁에 탄약과 포탄을 지원할 뿐 아니라 북한군까지 참전시키는 무리수를 두고 있다. 남북한 간의 군사적 긴장이 고조될 것을 우려한 시진핑 주석은 직접 김정은에게 "중국은 6.25 전쟁 때부터 북한을 지켜주고, 먹여주며 극진히 보살펴 왔다."고 점잖게 타일렀다. 그러나 김정은은 "습근평(習近平) 동무의 말이 다 맞소. 그러나 그것은 할아버지 때의 일이고, 나와는 상관없으니 그 일로 나에게 이래라저래라 하지 마시오."라며 오히려 언성을 높여 반발했다. 여기에 더해 전임 시절 트럼프 미국 대통령과 푸틴 러시아 대통령과의 만남으로 콧대가 높아진 김정은의 태도는 중국 지도부의 심기를 더욱 불편하게 만들었다.

이러한 상황에서 시진핑 주석은 결국 북한 김정은 체제를 지속적으로 지원하는 것과 북으로의 적화통일은 더 이상 중국에 유익하지 않다고 판단했다. 또 중국 수도 베이징 앞마당에서 북한은 핵실험이니, 미사일을 발사하는 무례함을 저지르고 있다. 이에 중국 지도부는 북한 김정은 정권과의 관계를 손절(김정은 체제의 종식 또는 제거)하고, 오히려 남한과 새롭게 관계를 맺는 편이 훨씬 유리하다는 결론을 내리게 된 것이다. 실제로 작년부터 중국 정부 측에서 남한에 간헐적으로 러브콜을 보내기 시작했으나, 한국 정부의 통일부나 전문가들은 이를 제대로 인식하지 못하는 안타까운 상황이었다. 2025년 하얼빈 동계 아시안게임 당시 시진핑 주석이 우원식 국회의장을 극진히 환대한 사실이 언론에 크게 보도되자 그제야 뒤늦게 중국의 의중을 파악하고 대서특필하는 모습을 보며 씁쓸함을 감출 수 없었다.

2023년 중국 항저우 하계 아시안게임에 참석한 한덕수 국무총리에게 시진핑 주석은 "한국은 이사 갈 수 없는 이웃"이라는 말을 했다. 이사 갈 수 없는 이웃은 도망갈 수 없는 이웃의 우회적인 표현으로, 상당히 모욕적인 말을 한 것과 비교하면 중국이 북한을 버리고 한국을 파트너로 인정하는 의미 있는 진전이다.

이제 우리나라 역시 이러한 변화에 대응하여 적극적인 '지중(知中

) 정책'을 펼쳐야 한다. '지중'의 의미는 상대방과 서로의 집에 숟가락이 몇 개 있는지까지 알 정도로 깊고 친밀한 관계를 의미한다. 이러한 지중 정책은 단순히 중국을 아는 수준을 넘어 긴밀한 협력과 신뢰를 바탕으로 하는 전략이다. 단 북한의 김일성 왕조를 추종하는 의미의 친중과는 거리가 멀다.

지중의 첫걸음으로 우선 초등학교에서 한자 천자문 중 600자 정도를 교육하고 중학교부터 중국어를 제2 필수 외국어 교육 과정으로 실행해야 하는 것으로 시작할 수 있다.

지중 정책이 지향하는 핵심 목표는 크게 세 가지로 나눌 수 있다. 첫째는 중국 내 탈북민들의 북한 강제 송환을 금지하고, 그들이 자유 의사에 따라 남한에 정착할 수 있도록 중국 정부가 적극 협조하는 것이다. 둘째는 남북한 간 전쟁 발발 시 중·조 상호무력조약을 무력화하여 중국이 전쟁에 개입하지 않도록 하는 것이다. 셋째는 김일성 왕조가 종식된 이후 남한 주도의 자유통일 과정에서 중국이 적극적으로 지원하고 협력하여 자유통일 체제를 조기에 정착시키는 것이다.

이러한 지중 정책의 성공적인 추진은 경제 교류 활성화, 여행 및 상호 방문 확대, 경제·문화·교육 분야에서의 실질적인 협력 확대와 같은 다양한 부수적인 효과도 가져올 것이다. 결국, 북한과의 관계 변화로 촉발된 이 시기를 적절히 활용하여 자유통일은 물론 중국과의 관계도 새로운 차원에서 발전시키는 계기로 삼아야 할 것이다.

북한 주민의 의식 변화

그러나 더욱 근본적으로 중요한 것은 바로 '북한 주민의 의식 변화'이다. 김씨 왕조의 독재 체제가 무너지고, 중국이 통일에 대해 긍정적인 입장을 보인다 하더라도 정작 북한 내부의 주민들이 "우리는 김일성 왕조의 세뇌 교육 등으로 하나가 되고 싶지 않다."고 망설인다면, 오히려 극심한 혼란과 내전을 맞이할 가능성마저 있다. 결국, 통일 과정에서 가장 핵심적인 요소는 북한 주민들이 스스로 자유통일의 가치를 긍정적으로 받아들이도록 만드는 일이다.

현재까지 북한 체제를 정면으로 비판하는 방식으로 대규모의 김씨 왕조 비방 전단(삐라)을 북한 지역에 살포하는 경우가 많았다. 그러나 이 방식은 효과가 미미하거나 심지어 역효과만 초래했다는 지적이 많았다. 북한 당국이 이러한 남측의 행동을 계기로 주민들에게 '남한은 우리를 파괴하려는 적이다.'라는 식의 세뇌 교육을 더욱 강화해 버리기 때문이다. 오히려 남한의 일상생활과 문화를 자연스럽게 보여주는 사진, 기타 영상물이나 북한 주민들이 실질적으로 필요로 하는 식량, 의료품 등 인도적 지원 물자를 통한 접근이 더 효과적이라는 주장이 힘을 얻고 있다.

또한, 현재 남한 사회에 정착해 있는 3만여 명의 탈북민(자남민)의 삶에 대한 정보를 북한 내부로 자연스럽게 전달하는 방법도 효과적일 수 있다. "남쪽에 와서 정착해 보니 생각보다 살기 좋다.", "이곳에서 자유와 경제적으로 안정된 삶을 누리고 있다."는 탈북민들의 생생한 경험담은 북한 주민들에게 큰 설득력을 지닐 것이다. 이렇게 되면 북한 주민들이 가지고 있는 남한에 대한 두려움과 오해가 서서히 무너지고, 남북 간의 통합에 대한 긍정적인 인식을 심어줄 수 있을 것이다.

물론 이러한 전략이 효과를 거두기 위해서는 현재 북한 주민의 바로미터인 남한에 거주하는 탈북민들을 위한 정부 차원뿐만 아니라 한반도 재단, 기업체 등 민간단체에서도 양질의 교육과 취업 등 여러 방면에서 실질적이고 체계적인 지원 정책이 뒷받침되어야 한다는 전제가 따른다. 탈북민(자남민)들이 성공적으로 정착하고 삶의 질이 향상되는 모습을 북한 주민들에게 보여줄 때, 북한 주민들의 자발적인 변화와 자유통일에 대한 지지가 더 쉽게 형성될 수 있기 때문이다. 자남민의 인구 증가와 통일 비용과 기간은 반비례한다. 자남민이 증가할수록 통일이 빨라지고 비용도 상상외로 적게 들 수 있다. 자남민 인구가 10만 명 정도면 북한 체제가 동요되고, 30만이 되면 북한 지역 곳곳에 봉기가 일어나 혼란 상태에 빠지게 된다. 자남민 우대정책은 많은 북한 주민들이 한국에 정착하는 계기가 될 것이다. 자남민 우대에 따른 비용은 결국 미래 통일 비용 선지급 형식으로, 적은 비용으로 최대의 효과를 보는 경제원리와도 부합하는 것이다. 결국 북한 주민의 의식 변화는 통일을 실현하기 위한 필수적이고 가장 근본적인 과제라고 할 수 있다.

국제사회 협력

마지막으로 놓칠 수 없는 부분이 국제사회 협력이다. 남과 북이 당사자라 해도, 실제 통일 과정이 벌어지면 주변 강대국이 가만있을 리가 없다. 미국, 중국, 러시아, 일본은 동아시아에서의 패권과 이익을 놓고 치열하게 움직이기 마련이다. 여기에 유엔이나 유럽연합(EU) 같은 기구도 인권 문제나 국제 원조 차원에서 개입할 것이다. 결국 한국이 이들과 사전에 어떻게 의견을 조율하느냐에 따라 통일 시 시너지를 키울 수도 있고, 반대로 갈등이 폭발해 혼란이 가중될 수도 있다. 독일이 통일을 이룰 때 고르바초프의 '개혁개방정책'이 결정적이었던 것처럼, 한반도에서도 주변국들의 태도가 매우 중요하다. 북한 핵 문제, 재건 비용, 국제 승인 문제 등 복잡한 과제를 각 나라와 얼마나 유연하게 해결해 나가는지에 따라 자유통일의 질과 속도가 달라질 것이 뻔하다.

결국 대한민국 새 헌법과 신공화국 구상에 담긴 통일의 다섯 가지 원칙은 서로 긴밀히 연결되어 있다. 우선 통일 비용을 충분히 확보하지 못한다면 통일 자체가 어려울 뿐 아니라, 설령 통일이 성사된다 하더라도 이후 혼란으로 이어질 가능성이 높다. 또한 김일성 왕조가 존재하는 한 자유통일은 기대할 수 없으며, 중국을 설득하지 못한다면 평화적인 자유통일의 길 역시 막히고 만다. 북한 주민들이 마음의 문을 닫고 끝까지 망설인다면 통일 후에도 최악의 상황에 빠질 위험성이 존재한다. 국제사회와의 긴밀한 협조 없이 진행되는 통일 역시 한반도를 또다시 갈등과 위기의 현장으로 몰아넣을 수 있다. 이처럼 다섯 가지 원칙 중 어느 하나라도 제대로 준비되지 않는다면, 우리가 그토록 원하는 자유통일은 성공하기 어렵다.

해방 후 80년 넘게 이어져 온 한반도의 분단 체제는 이제 너무 오래된 낡은 질서가 되어버렸다. 이 질서를 조금씩 고치는 소극적인 방식으로는 근본적인 변화가 일어나지 않는다. 고장 난 시계를 움직이기 위해서는 톱니를 하나씩 교체하는 정도로는 부족하다. 새로운 톱니로 전부 교체할 정도의 대담한 결단과 세심한 준비가 필요하다. 우리가 직면한 이 통일이라는 숙명적인 과업은 이처럼 치밀한 계산과 과감한 실천, 그리고 전 국민의 합의를 통해서만 달성할 수 있다. 이 책을 통해 제안한 다섯 가지 통일 원칙이 구호에 그치지 않고 현실 속 구체적인 행동 지침으로 자리 잡기를 바라는 이유가 바로 여기에 있다.

결론적으로, 자유통일은 결코 장밋빛 미래만을 보장하지 않는다. 통일 이후에도 지역 격차, 사회적 갈등, 막대한 경제적 부담과 외교적 충돌 같은 어려움들이 기다리고 있을 것이다. 하지만 이러한 과제를 용기 있게 마주하고 극복해 나간다면, 분단이 가져온 전쟁 위협과 이념적 갈등에서 벗어나 한반도 전체가 새로운 성장과 문화적 풍요로움을 누릴 수 있는 기회가 열릴 것이다. 결국 남북문제는 지금의 기득권 정치나 지역주의적 갈등처럼 단기적이고 근시안적으로 접근할 문제가 아니라, 훨씬 긴 안목과 철저한 준비가 필요한 영역이다. 한반도의 자유통일이 언제 이뤄질지 정확히 알 수는 없지만, 그때가 왔을 때 주도권을 잡게 될 쪽은 분명 '미리 준비한 쪽'이다. 이 준비에서 가장 핵심적인 요소가 바로 통일 재원 확보, 김일성 왕조 붕괴 대비책 마련, 중국과의 협력 채널 유지, 북한 주민들의 인식 변화, 국제사회의 지지 확보와 같은 다섯 가지 원칙이다.

〈잘못 쓴 용어 개선〉

첫째, 북한이탈주민이라는 표현을 '자남민'으로 바꿔야 한다.

'이탈(離脫)'이라는 말은 본래 정상적인 상태에서 갑자기 벗어난 것을 의미한다. 흔히 자동차 바퀴가 이탈하거나, 직장에서 전공의가 무단으로 근무지를 떠난 상황을 '이탈'이라고 표현한다. 이러한 맥락에서 '북한이탈주민'이란 표현은 마치 북한이 정상 국가이고, 그곳에서 나온 사람들은 반역자라는 잘못된 인상을 줄 수 있다. 이는 북한 체제를 정당화하고 탈북자를 부정적으로 바라보게 하는 왜곡된 표현이다.

따라서 북한에서 자유를 찾아 남한으로 내려온 사람들을 더는 '북한이탈주민'으로 불러선 안 된다. 그 대신 '자유를 찾아 남한으로 온 주민'이라는 의미에서 간략히 '자남민'이라는 용어를 쓰는 것이 바람직하다. 자남민은 자유를 찾아 스스로 결정한 용기 있는 사람들이다. 이들에게는 더 이상 주홍 글씨 같은 '북' 자를 붙여선 안 된다.

둘째, 남북통일이라는 표현 대신 '자유통일'이라고 써야 한다.

우리는 일반적으로 남한 주도의 통일을 생각하며 '남북통일'이라는 용어를 사용하지만, 이 표현은 남북이 평등하게 하나가 되는듯한 오해를 줄 수 있다. 그러나 실상은 남한 주도의 자유민주적 통일만이 올바른 방향이다. 남북통일이라는 말은 북한이 주도하는 적화통일과 남한 주도의 자유통일을 구분하지 않고 섞어 쓸 위험이 있다.

따라서 통일의 방향성을 명확히 나타내기 위해, 반드시 '자유통일'이라는 정확한 표현을 써야 한다. 자유통일이란 대한민국의 자유민주적 헌법 질서와 체제 아래 남북이 하나가 되는 것을 뜻하며, 북한이 주도할 경우 벌어질 수 있는 '적화통일'과 명백히 구별해야 한다. 용어 하나로 혼란과 오해가 발생할 수 있기에, 정확한 표현 사용이 필수적이다.

김일성 왕조는 자유통일이 되든지, 적화통일이 되든지 통일이 되면 반드시 사라질 것이다. 그래서 그들은 현 상태로 정권을 유지하려 남북 간 남남으로 살자는 것이다. 그러니 북한에서 하는 말에 일일이 반응할 필요가 없다. 무반응이 쓸데없는 말보다 좋다.

100일 전쟁, 통일을 위한
마지막 관문

통일은 우리가 아무리 철저히 준비해도 쉽게 이뤄지지 않을 수 있으며, 반대로 전혀 예상치 못한 순간에 갑자기 찾아올 수도 있다. 역사적으로 독일의 통일도 계획된 것이 아니었다. 동독을 관리하던 소련의 고르바초프 서기장이 개혁개방을 추진하면서 무너진 베를린 장벽은 어느 날 갑자기 역사 속으로 사라졌다. 독일은 그렇게, 사실상 '공짜'에 가까운 형태로 통일을 맞이했다. 그러나 우리 한반도의 현실은 다르다. 우리에게 통일은 단순히 감상적인 염원이 아니라 철저히 준비해야 할 숙명적 과제이며, 이를 위해 '자유통일 5대 원칙'을 중심으로 체계적인 계획과 대비가 반드시 필요하다.

정부조차 쉽게 감당하지 못하는 통일의 과제를 민간 특수법인인 '한반도 재단'에서 어떻게 감당하겠느냐는 의문이 제기될 수 있다. 물론 이 재단의 목적은 '통일을 직접 성사시키는 것'이 아니라, 통일이 갑작스럽게 도래했을 때의 혼란을 최소화하기 위한 철저한 준비에 있다. 하지만 평화적 통일의 가능성만을 전제로 준비할 수는 없다. 한반도의 현실은 냉혹하다. 남과 북은 여전히 세계에서 가장 첨예하게 대립하고 있는 분단국가이며, 언제든 군사적 충돌로 전쟁이 발발할 가능성을 배제할 수 없기 때문이다. 따라서 철저한 국방 대비와 함께 전쟁 발발 상황에 대한 시나리오도 필수적으로 준비해야 한다.

만약 남북 간 전쟁이 현실화한다면 그 승패는 단기적으로, 특히 100일 이내에 명백히 갈리게 될 것이다. 중국이 북한을 외면하고 북한 단독으로 전쟁을 수행한다면 김일성 왕조는 100일 이내에 붕괴하고, 남한이 주도하는 자유통일의 길이 열릴 것이다. 그러나 만약 중국이 북한과의 군사적 동맹을 발동해 개입한다면 상황은 정반대가 되어, 대한민국은 같은 기간 내에 존망의 위기에 놓일 가능성이 높다. 그렇기 때문에 '100일 전쟁'이라는 개념은 통일 준비와 함께 대한민국이 국가 안보를 위해 결코 놓쳐선 안 될 중요한 전략적 포인트이다. 통일을 꿈꾸는 우리는 평화를 염원하되, 어떠한 경우에도 철저한 준비와 결단으로 국가의 운명을 지켜내야 하는 엄중한 사명을 안고 있는 것이다.

이를 위해 대한민국은 국가 차원에서 외교적 전략을 보다 정교하게 다듬어야 한다. 북한이 우크라이나 전쟁에서 러시아에 탄약과 군사 지원을 한 이후로 중국과 북한 간의 관계는 악화일로를 걷고 있다. 중국은 이제 북한과의 관계를 재정립하고 대한민국과의 협력을 적극 모색하려는 움직임을 보이고 있다. 최근 중국 지도부가 한국의 주요 인사들에게 보여준 예우는 이를 뒷받침하는 증거로, 이를 계기로 우리 정부는 중국과의 전략적 대화를 보다 긴밀히 추진하고, 통일 시나리오를 명확하게 협의할 필요가 있다.

또한 전쟁 발발 시 단기전의 특성상, 초기 대응 역량이 승패를 가름할 결정적인 요소가 될 것이다. 따라서 군사적 대비 태세와 함께 국민들의 심리적 안정, 전쟁 초기 피해 최소화 전략, 국제사회의 지지를 확보할 외교적 준비 등이 체계적으로 이루어져야 한다. 이를 통해 '100일 전쟁'이 현실화되더라도 대한민국이 전쟁을 최소한의 피해로 끝내고 궁극적으로 통일과 평화를 이뤄낼 수 있는 토대를 마련해야 한다. 통일은 기회와 위기가 동시에 공존하는 거대한 전환점이기에, 지금부터라도 철저히 준비하여 다가올 미래에 흔들림 없이 대응할 수 있어야 한다.

모병제,
대한민국 국방의 미래를 준비할 때

대한민국의 병력제도는 해방 이후 6·25 전쟁을 겪으면서 지금까지 소총부대 위주의 징병제를 근간으로 삼아왔다. 당시에는 대규모 보병 중심의 전투가 주를 이루었기에 징병제가 필연적인 선택이었지만, 이제 시대가 달라졌다. 현대전은 첨단 기술과 인공지능(AI)이 결합된 정밀무기와 무인 시스템이 주력으로, 전문성이 높은 군사 인력이 핵심 전력이 되는 구조로 급격히 변화하고 있다. 이 같은 환경에서 짧은 기간 동안만 복무하는 징병제 군인들로는 전쟁 억지력 확보에 한계가 생긴다. 따라서 전문성을 갖춘 직업군인을 양성하는 모병제를 도입할 시점이 도래하였다.

최근 '군인 월급 200만 원 시대'라는 정책이 현실화되면서, 매년 국가 예산에서 병사 급여로만 수조 원에 달하는 막대한 세금이 지출되고 있다. 병사들에게 일정 급여를 지급하는 것이 정당하지만, 의무 복무 기간이 짧고 전문성을 축적하기 어려운 병사들에게 과도한 예산이 투입되는 점은 재검토가 필요하다. 같은 예산이라면 장기 복무를 전제로 하는 전문 군인들의 처우와 복지에 투자하여 군의 질적 성장을 도모하는 것이 더욱 효율적이다. 장기적으로 볼 때, 모병제로 전환하면 군의 숙련도를 높이는 동시에 국방비도 효과적으로 절감할 수 있다.

  모병제로의 전환은 단순히 예산 절감만을 위한 것이 아니다. 최첨단 AI 무기와 드론, 사이버전 등 전문성이 높은 무기 체계를 효과적으로 운영할 수 있는 정예 군인을 지속적으로 육성할 수 있다는 점이 핵심이다. 부사관의 수를 현재보다 대폭 늘려 병력을 전문화·정예화하고, 특히 특수부대의 규모를 확대하여 집중 훈련을 실시하는 것이 필수적이다. 이렇게 함으로써 북한의 군사적 도발이나 오판 가능성에 대한 강력한 억지력을 갖출 수 있을 것이다. 또한 육군뿐 아니라 공군력과 해군력까지 대폭 증강하여 입체적이고 종합적인 국가 방위 역량을 강화해야 한다.

  모병제로의 전환을 위해 군인들의 사기 진작 방안 또한 적극적으로 마련해야 한다. 전문성을 갖춘 직업군인에게는 그에 합당한 처우와 복지 수준을 제공하고, 복무 중 축적된 경험과 기술을 사회에서도 활용할 수 있도록 전역 후 취업이나 창업 등 연계지원 시스템을 적극적으로 구축할 필요가 있다. 군 복무 이후 안정적이고 명예로운 삶이 보장된다면, 더 많은 우수한 청년들이 자발적으로 입대하여 국가 방위에 헌신할 것이다.

그러나 현행 징병제를 단번에 폐지하기는 현실적으로 어렵다. 따라서 현 징병제를 보완한 혼합형 모병제가 바람직하다. 이를 위해 징집된 병사들이 약 2개월의 기본 군사훈련을 마친 후 현역 신분을 유지한 채 본업으로 복귀하고, 이후 2년 동안 매년 10일 내외의 비상소집 동원훈련을 받도록 하는 방안을 도입할 수 있다. 이를 통해 유사시 신속히 전력화가 가능한 예비군 체제를 갖추어 모병제의 장점을 살리면서도 국가 비상 상황에 유연하고 신속히 대응할 수 있는 국가 방위 체계를 구축할 수 있을 것이다.

이제 대한민국은 국방정책의 패러다임을 전환하여 국가 안보와 미래를 동시에 준비해야 한다. 모병제로의 전환은 선택이 아닌 필수이며, 이를 통해 대한민국은 진정한 의미의 첨단 국방력을 구축하고 국방 선진국으로 나아갈 수 있을 것이다.

2장

머털도사가 들려준 이야기

트럼프는 이겼지만, 미국은 패배했다

지난 대선에서 트럼프는 승리했지만, 미국은 패배했다. 특히 지난 2021년 1월 6일 트럼프 지지자들이 의회를 습격한 선거 불복 사태는 미국의 민주주의 위상을 크게 흔들었다. 이런 일은 흔히 아프리카나 중남미 등 정치가 불안정한 국가에서나 벌어지는 것으로 여겨졌기에, 민주주의의 모범이라 불리던 미국에서 실제로 벌어진 것은 전 세계에 큰 충격을 주었다.

선거는 민주주의의 핵심이자 근본이다. 즉 모든 민주주의는 선거로 시작하고 선거로 끝난다. 인종차별 문제나 경제적 이유로 발생한 폭동과는 비교할 수 없을 정도로 선거 불복은 내전이나 국가 분열까지 이어질 수 있는 가장 치명적인 문제다. 동키호테는 이러한 혼란을 지켜보며 "미국이 민주주의의 절정(보름달)에서 내려와 이제 국운이 점차 기울고 있다."고 진단했다. 미국의 국운이 루비콘강을 건넌 것이다. 특히 민주주의의 핵심 가치인 평화로운 정권 교체를 흔드는 행위가 버젓이 벌어졌다는 것은, 미국이 내적으로 얼마나 취약해졌는지를 보여주는 사건이었다.

트럼프는 이번 대통령 취임 후 정치적 이해관계에 따라 국내는 물론 국제사회에서도 미국 대 반미국으로 분열과 갈등을 부추겼다. 국내적으로는 정치적 입장이 다른 세력을 극단적으로 몰아붙였고, 전통적 동맹인 유럽연합(EU)조차 미국의 민주적 리더십을 의심하며 거리를 두기 시작했다. 더구나 트럼프는 자신을 향한 비판 언론을 '가짜 뉴스'로 몰아세우고, 전통적인 정치적 협상과 협력을 철저히 무시하는 태도로 일관했다.

더욱 심각한 것은 트럼프의 독단적이고 분열적인 행태가 상당한 지지를 얻었다는 점이다. 이는 미국 내 기성 정치에 실망하고 소외감을 느끼던 많은 미국인의 불만을 그가 정확히 공략했기 때문이다. 이러한 열광적인 지지층은 그의 독선적 행동을 더 강력히 뒷받침했고, 이는 결국 의회 난입과 같은 초유의 폭동 사태까지 만들어 냈다. 더욱이 트럼프가 대선에서 승리하자, 공화당 내 일부 의원은 트럼프의 생일을 연방 공휴일로 추진하는 등 맹목적 숭배에 가까운 행보까지 보이고 있다. 이런 모습은 민주주의의 후퇴를 상징하는 위험한 징후다.

트럼프가 북한의 김정은을 향해 보인 친밀감도 주목할 만하다. 그는 김정은과 정상회담을 진행하며 '우리는 친구'라는 메시지를 보냈는데, 이는 표면적으로는 외교적 제스처로 보이지만 내면적으로는 절대적 권력에 대한 일종의 동경이 담겼다는 평가가 많았다. 미국 헌법의 견제 장치를 걸림돌로 생각하고 자신을 왕처럼 여겼던 그의 성향을 고려할 때, 트럼프가 좀 더 젊은 나이에 대통령직을 맡았다면 미국은 히틀러 시대 독일이 겪었던 재앙을 맞이했을지도 모른다. 또 트럼프는 자신의 종신 대통령뿐만 아니라 자식까지 세습(King)하는 것을 구상하고 있다. 다행히 미국은 건국 이후 축적된 헌법과 민주적 제도로 그가 전권을 휘두르는 것을 부분적으로 견제할 수 있었다.

이 모든 현상을 관통하는 핵심 문제는 개인의 정치적 야망과 국가적 존립이 충돌하고 있다는 점이다. 트럼프는 선거에서 승리했을지 몰라도, 미국이라는 나라 전체는 분열과 혼란, 그리고 민주주의의 신뢰성 추락이라는 대가를 치렀다. 이로 인한 트럼프 대통령의 대선 승리는, 국가 전체의 패배로 이어진 이 비극적 현실은 향후 민주주의 국가들에 크나큰 교훈이 될 것이다. 트럼프 개인의 야망이 지속될수록, 미국은 글로벌 리더십의 상실과 함께 국가 내부의 깊은 상처를 치유하기 힘들어질 것이다.

최근 트럼프가 관세를 대폭 올리면서 하는 말이 병든 환자를 수술해서 회복 중이라 하는데, 동키호테 눈에는 멀쩡한 자신의(미국) 팔다리를 부러트려 병신 만든 것에 불과하고, 치료비용으로 천문학적인 돈이 들어갈 수도 있으며, 원상회복이 불가능할 수도 있다.

미국 사회가 겪고 있는 이러한 혼란과 내홍은 전 세계에 큰 경고의 메시지를 전한다. 민주주의는 아무리 튼튼한 제도를 갖춘 국가라

해도 절대 무너지지 않는 철옹성이 아니다. 개인의 욕망이 국가의 존립보다 우선시될 때, 그 국가가 얼마나 빠르게 파멸로 향할 수 있는지 미국이 지금 그 생생한 증거를 전 세계에 보여주고 있다.

바보 조국과 독서 축제

'바보 조국'이라는 말은 자연스럽게 '바보 노무현'을 떠올리게 한다. 노무현 전 대통령 지지자들이 그를 애정 어린 마음으로 '바보'라고 불렀듯이, 여기서 '바보 조국'이라는 표현도 겉보기에는 장난스러운 듯하지만 그 내면을 들여다보면 쏠쏠한 뉘앙스가 강하게 묻어난다. 조국은 문재인 정부 시절 한때 법무부 장관을 지냈고, 그 이전에는 청와대 민정수석으로서 막강한 인사권과 권력을 행사하며 정부의 주요 요직에 자신과 가까운 인물들을 배치했다. 당시 조국은 흔히 '보이는 정치의 신(政神)의 장자(長子)'라고 불리며 명실상부한 차기 대권의 후계자이자 '황태자'로 인정받았다. 그래서 사람들은 그가 정치적 욕망과 행동을 조금만 더 신중하게 조절했다면 훗날 대권 후보로 나아갈 길이 충분히 열려 있었다고 평가한다.

조국이 교도소에 갔다. 이 소식을 듣고 피눈물을 흘린 사람은 바로 문재인 전 대통령이었다. 이야기는 문재인 정부가 들어서기 전, 민주당 대선후보 경선 당시로 거슬러 올라간다. 당시 문재인은 당내 경쟁자였던 안희정과 이재명 등을 제치고 최종 승리를 거뒀다. 그때 경선 결과는 문재인이 1등, 안희정이 2등, 이재명이 3등이었다. 문재인이 대통령이 된 후, 조국은 당연히 대선 1등 공신으로서 차기 대권 후계자로 일찌감치 낙점되었다. 민정수석으로 재직하면서 청와대 인사 라인과 여러 권력기관 곳곳에 자신의 사람들을 심어두었기에, 차기 정권에서도 막강한 영향력을 행사할 수 있는 기반을 다져놓았다.

하지만 조국의 대권 가도에는 2개의 커다란 걸림돌이 있었다. 하나는 '안희정'이었고, 다른 하나는 '이재명'이었다. 대권을 향한 꽃길에 돌부리가 있으면 언젠가는 걸려 넘어질 수 있기에, 그 돌들을 미리 뽑아내야 했다.

우선 2등이었던 안희정부터 뽑기작업이 시작되었는지는 모르겠지만 어느 날 갑자기 비서실 여직원이 위계에 의한 성범죄를 당했다는 기자회견이 열렸고, 언론은 연일 안희정의 스캔들을 대서특필했다. 실제로 안희정이 성범죄 사건으로 구속되자, 정치권 안팎에서는 '문재인 측이 조국의 경쟁자인 안희정을 먼저 손봐서 정계에서 퇴출시켰다.'는 설이 파다하게 퍼졌다. 안희정 전 지사가 조국 대권 가도의 걸림돌만 아니었다면 사건이 일어날 가능성은 희박할 수 있고 설령 일어났더라도 충분히 감싸고 보호되었을 것이다.

그리고 얼마간의 시간이 흐른 뒤 마찬가지로 또 어느 날 갑자기 이재명의 비리 기사가 언론에 1차로 흘러나왔다. 이재명 측은 '드디어 올 것이 왔구나.'라며 초긴장 상태로 상황 전개를 예의주시하고 대응책 마련에 분주했다. 그런데 예상치 못한 일이 터졌다. 바로 당시 서울시장이었던 박원순이 여직원 성추행 문제로 스스로 목숨을 끊는 대형 사건이 발생한 것이다(박원순 자살 약 10일 전후로 신문에 이재명의 비리 기사가 보도되었다). 박원순의 갑작스러운 자살 사건으로 정국은 완전히 소용돌이쳤고, 모든 언론의 관심이 박원순 사건으로 이동하자, 이재명 관련 비리 폭로는 슬그머니 사라져 버렸다.

그렇다고 조국의 대권 가도가 멈춘 것은 아니었지만 또다시 예상치 못한 사건이 발생했다. 조국이 남은 걸림돌 제거 임무를 부여받고 법무부 장관으로 내정되자마자 언론에서는 연일 그의 비리를 폭로했고, 특히 조국 딸의 대학교 및 대학원 입학 과정에서 표창장 조작 등의 의혹이 불거져 전국적인 이슈로 떠올랐다. 여기에 더해 조국이 동양대학교 총장을 협박하거나 회유했다는 보도까지 나오자, 조국은 궁지에 몰려 난생처음 겪는 위기에 미친 듯이 날뛰기 시작했다. 조국의 극렬한 반발은 오히려 판만 키우는 꼴이 되었다. 하지만 당시만 해도 그의 뒤에는 현직 대통령인 문재인의 막강한 지지가 있었기에 시쳇말로 무서울 것이 없었다.

여기서 잠시 조국의 성격을 분석해 보자. 조국은 경남 거창중·고등학교 재단 이사장의 장남으로 태어나 어릴 때부터 황태자, 즉 모든 것을 가진 '에브리씽맨(Everything Man)'이었다. 그 후 성장하여 서울대 교수, 청와대 민정수석 자리에 오를 때까지 그의 앞을 가로막을 장애물은 아무것도 없었다. 하지만 법무부 장관에 내정된 후부터 모든 것이 꼬이기 시작했다. 갑자기 터져 나온 비리 의혹들이 그의 인생에서 처음으로 '에브리싱'이 통하지 않는 상황을 만들었고, 이에 감정을 주체하지 못한 채 혼란에 빠지고 말았다. 조국은 4개월간 법무부 장관직을 수행했지만, 국민적 신뢰는 땅에 떨어졌고, 그렇게 꿈꾸던 대권 가도 역시 급격히 멀어져 갔다.

지금 와서 돌이켜 보면, 당시 조국이 진심으로 잘못을 인정하고 국민 앞에 사과했다면 어땠을까. 자녀의 성공을 바라는 마음은 세상 모든 부모의 공통적인 바람이지만, 그것이 국민의 눈높이에서 벗어나 잘못된 방법으로 이루어졌다는 점을 솔직히 인정하고 모든 것을 원점으로 돌렸다면 상황은 크게 달라졌을 수도 있다. 스스로 법무부 장관 후보에서 사퇴하고 후일을 기약하며 잠잠히 기다렸다면 다시 기회는 있었을지 모른다. 그러나 조국은 끝까지 사과하지 않았다. 어쩌면 그에게는 사과하는 일이 자살보다 더 힘들었는지도 모른다.

이런 와중에 이재명은 자신에게 다가온 신변의 위험을 절실히 깨닫고 '보이는 정신(政神)'을 찾아가 알현했다. 그는 신 앞에 충성 맹세 서약을 했고, 신(神) 역시 향후의 대선 일정을 고려할 때 더 이상 조국 카드를 쓸 수 없다고 판단하여 민주당의 전권과 차기 대선후보 지위를 서자(庶子) 이재명에게 윤허했다. 문재인 대통령 입장에서는 제거하려던 돌멩이였던 이재명이 갑자기 대통령 후보가 되었으니 기분이 좋을 리 없었다. 또한, 조국에게 무한한 미안함을 느낄 수밖에 없었다.

이재명은 대통령 후보로 나섰지만, 문재인 정부의 취임 초 여론조사에서 최고 84%에 달하던 지지에도 불구하고 부동산 정책 실패 등 국정 전반의 실정으로 인해 국민의 마음을 얻지 못했다. 여기에 이재명 후보 개인의 대장동 사건을 비롯한 여러 비리 의혹, 전과 4범 논란, 형수 욕설, 공짜 연애 등의 복합적인 문제가 더해지면서 정치 입문 8개월 차였던 윤석열 후보에게 패배하고 말았다.

대통령에서 물러난 뒤 문재인 전 대통령은 평산책방에서 『중국과 한반도의 미래』라는 책을 읽다가 문득 전국 유일의 거창한 '독서 축제'를 구상했다. 그는 백일장, 시 낭송 대회, 독후감 대회, 작가와의 만남 등 다채로운 행사들을 기획했고, 출판사와 신문사들의 도서 협찬을 받아 책을 무료로 증정하는 계획도 세웠다. 그런데 축제 준비를 한창 구상할 때, 조국이 국회의원에 출마한다는 소식을 듣고 문재인은 정신이 번쩍 들었다. 그는 조국 앞에 독서 축제가 무슨 대수인가 싶어 모든 축제 계획을 즉각 중단하고, 곧바로 조국의 선거운동을 시작했다. 전직 대통령으로서는 매우 이례적으로 직접 나서 조국을 위한 선거운동에 발 벗고 뛰었다. 민주당을 위한 선거운동 같았지만, 그 본질은 오직 조국을 위한 선거운동이었다.

한편 이재명은 당시 친문 세력의 협조가 필요하다며 문재인 대통령을 찾아가 언론 앞에서 다정한 모습을 연출했다. 그러나 뒤돌아서서는 친문 세력을 향해 대대적인 공천 학살을 자행했다. 전 민주당 공동대표는 이재명은 방송 카메라 앞과 뒤에서, 그의 얼굴은 180도 다르게 변한다고 말했다. 지금도 윤석열 대통령 탄핵을 추진하며 차기 대선을 위하여 다시 친문 인사들을 찾아가 지지를 구걸하고 있지만, 이제 그의 속임수에 또다시 넘어갈 사람은 거의 없을 것으로 보인다. 그럼에도 이재명이 언제 또다시 얼굴을 바꿀지 관심사로 떠오르고 있다.

　조국은 이후 조국혁신당을 창당하여 비례대표(전국구)로 국회의원에 당선되었다. 하지만 그는 지난날의 원한에 사로잡혀 여전히 윤석열을 끌어내리겠다고 외치며 싸우는 데만 몰두했다. 국회의원이 되었으면 못다 이룬 대선을 준비해야 하는 것이고, 과거의 원한들은 가슴 깊이 묻어두고 대범하게 윤 대통령을 축하하며 화해의 손을 내미는 통 큰 정치를 했어야 했다. 캐스팅보트 역할을 수행하며 자신의 존재감과 실력을 보여줬더라면, 조국은 구속되는 신세까지 가지 않고 차기 유력 대권 주자로 다시 부상할 수 있었을 것이다. 결국 그의 정치적 몰락은, 과거의 상처와 원한을 내려놓지 못한 채 끊임없이 싸움만 걸었던 조국 스스로의 성격과 선택이 빚어낸 비극이라고 할 수 있다. 한편으로 문재인 전 대통령의 거창한 '독서 축제'의 시작을 손꼽아 기다려 본다.

음흉(陰劃)

이야기는 먼저 민주당 출신 대통령 3명을 떠올리는 것으로 시작된다. 가장 먼저 김대중이 있었고, 그다음 노무현, 그리고 문재인이 뒤를 이었다. 김대중은 호남 출신이지만, 노무현과 문재인은 각각 경남 김해와 부산 출신으로 경상도 지역에서 나왔다. 민주당이 2명의 경상도 출신 대통령을 연이어 배출한 것을 두고, 일각에서는 전통적으로 보수 성향이 강했던 경상도 지역을 잠식하기 위한 전략적 계획이라는 주장이 나오기 시작했다. 그 계획을 주도하는 실체를 명확히 특정할 수는 없지만, 어떤 사람들은 이것을 '보이는 신(神)'이라 부르기도 한다.

본래 경상도, 특히 대구·부산·울산과 경남·경북 일대는 박정희 시대를 거치면서 보수 세력이 확고히 자리 잡았고, 보수 정당의 핵심 지지 기반 역할을 해왔다. 그런데 정치적으로 호남을 뿌리로 삼아왔던 민주당이 의도적으로 경상도 출신 대통령을 내세워 '보수의 철옹성'을 허물기 시작했다는 것이다. 이 주장에 따르면, 노무현이 대통령이 되면서 부산과 경남 지역에 민주당 바람이 일기 시작했고, 이어 문재인이 그 흐름을 더욱 강화했다. 두 대통령 모두 경상도 출신이라는 사실은 표면적으로는 지역주의 해체에 긍정적인 역할을 하는 듯 보였으나, 실상은 민주당이 보수의 핵심 거점을 공략하기 위해 준비한 '계획'의 일환이었다는 것이다.

또한 이 주장을 펼치는 이들은, 문재인 이후 민주당이 경북 출신의 인물을 차기 대선후보로 내세울 경우 대구·경북 지역마저도 민주당 쪽으로 빠르게 전환될 가능성이 있다고 예측한다. 그렇게 되면 민주당이 국회와 정부를 모두 장악하는 '1당 독재 체제'가 현실이 될 수 있다고도 한다. 실제로 최근 국회의원 선거에서 지역구 투표 결과를 분석해 보면, 전통적으로 보수의 텃밭이었던 경상도에서도 민주당이 젊은 층을 중심으로 30~40% 수준의 득표율을 기록하는 현상이 나타나고 있다. 이는 젊은 세대로 내려갈수록 보수 성향이 약해지고 민주당을 지지하는 경향이 강해지고 있다는 증거로도 해석된다.

이러한 흐름이 계속된다면, 결국 고령의 보수 지지층이 점차 줄어드는 동시에 젊은 세대의 민주당 지지가 늘어나면서 경상도 전체가 민주당으로 완전히 기울어질 날이 올 것이라는 것이 계획론자들의 핵심 주장이다. 그렇게 되면 지역주의 기반의 보수 정당은 급속도로 무너지고, 민주당이 사실상 대한민국 전체의 권력을 독점하는 체제가 완성된다는 논리다.

더욱이 계획론자들은 민주당을 단순한 진보 정당으로 보는 것이 아니라 외부와 연결된 세력으로 매도하기도 한다. 그들에게 경상도 지역은 대한민국을 완전히 장악하기 위한 마지막 퍼즐이다. 결국 민주당이 경상도를 잠식하는 것은 대한민국 전체를 진보화시키기 위한 장기적인 전략의 일환이며, 이 모든 일이 하루아침에 이루어진 것이 아니라 수십 년에 걸쳐 치밀하게 진행된 교묘한 '보이는 신'의 계획이라는 것이다.

물론 이러한 주장에 대해서는 "박정희 향수를 지닌 지역이 하루아침에 변하겠느냐."라거나, "지역주의 자체가 점차 약화되며 나타나는 자연스러운 현상일 뿐이다."라는 반박이 뒤따른다. 그러나 계획론을 지지하는 측에서는 '보이는 신'을 믿고 따르는 특정 세력이 대통령 후보를 선정하고, 그 대통령들이 지역사회에 지속적으로 큰 영향을 미치도록 설계했다고 주장한다. 이들은 노무현과 문재인을 연이어 경남과 부산에서 대통령으로 만들어 냈으며, 다음 주자로 경북 출신 후보까지 등장시키려는 시나리오를 진행하고 있다는 것이다. 이 계획론은 배후 세력을 명확히 특정하지 않으면서도 민주당과 긴밀히 연결된 특정 세력이 국가 권력을 장악하기 위한 움직임을 벌이고 있다고 주장한다.

이 계획론의 핵심 전제는 민주당이 전통적 기반인 전라도가 아니라, 의도적으로 경상도 출신의 후보를 전략적으로 키워왔다는 것이다. 노무현과 문재인 때 이미 어느 정도 성공을 거두었고, 이번에는 이재명이라는 경북 출신 인물을 내세움으로써 시간이 흐르면 대구·경북 지역마저도 민주당으로 흡수될 가능성이 높다고 전망한다. 예컨대 만약 이재명이 대통령이 된다면 경상도의 보수 세력은 결정적 타격을 입게 될 것이라는 우려가 담겨 있다. 누군가는 이를 지나친 정치적 공상이라고 비웃을 수 있지만, 계획론 지지자들은 과거 대통령 선거 결과와 지방선거에서 나타난 득표율 변화를 들어 "확실히 경상도가 갈라지고 있는 것이 현실"이라고 역설한다.

한편, 이런 극단적인 주장은 국내 정치 지형에 대한 불만과 불신에서 비롯된 측면이 크다. 선거 때마다 반복되는 지역주의 공방, 여야를 가리지 않고 터져 나오는 부정부패 사건, 그리고 국민의 표심을 오직 정치적 계산만으로 접근하는 정치권의 행태는 많은 국민들 사이에서 '이건 뭔가 거대한 계획이 있지 않고서야 이렇게 돌아갈 수 없다.'는 체념과 의심을 키웠다. 실제로 민주당이 더는 예전처럼 호남 중심으로만 움직이지 않는 것이 사실이지만, 그렇다고 해서 경상도 출신 대통령들을 내세워 보수 정당을 완전히 붕괴시키려는 계획이 존재한다는 주장은 여전히 논란의 대상이다.

경상도 유권자들이 지역 출신 대통령이 등장했다는 이유만으로 민주당 지지로 대거 돌아섰다는 해석도 함께 받아들여야 한다. 반면, 보다 중립적인 시각에서는 시대 흐름에 따라 지역주의 자체가 약화되는 현상은 자연스러운 변화이며, 정치인 개인의 매력이나 정책적 비전이 지역 간 경계를 허물고 새로운 정치 지형을 만들어 낸 결과라고 분석한다. 더 나아가 '경상도 출신이 민주당 후보로 나왔으니 지역 표가 대거 몰린다.'는 논리는 실제 선거 결과나 통계를 통해 명확한 인과성을 증명하기 어렵다는 지적도 제기된다.

하지만 사람들은 자신의 정치적 불안이나 불만을 해소하기 위해

'역시 배후에는 큰 계획이 존재했다.'는 식의 단순하고도 명쾌한 해석을 찾으려 한다. 이런 과정에서 '보이는 신'이라는 상징적 표현이 상당한 설득력을 얻는다. 즉, 누군가 뒤에서 신(神)처럼 모든 것을 계획하고 조종하여 김대중 이후 노무현·문재인을 차례로 대통령으로 내세웠으며, 이제는 이재명을 통해 경상도 지역의 표심을 완전히 돌려놓으려 한다는 서사다. 결국 '민주당이 나라 전체를 집어삼킬 것이다.'라는 시나리오는 실제 정치 현실이 복잡하고 혼란스러울수록 더욱 많은 사람들의 공감을 얻으며 영향력을 발휘하게 되는 것이다.

당분간 한국 정치가 계속 혼란스럽고, 지역주의 해소나 세대 간 대립 문제가 선명하게 해결되지 않는 한, 이런 종류의 계획론은 더욱 흥미로운 서사를 타고 재생산될 가능성이 높다. 계획론이 고착화되면 사람들은 정치적 현상을 현실적이고 합리적인 관점에서 분석하기보다는 '보이는 신이 이미 모든 결정해 놓았다'.는 식의 체념과 무기력에 빠질 수도 있다. 정작 한국 정치가 진정으로 필요로 하는 것은 성숙한 시민의식과 제도적 개선일 텐데, 계획론은 이런 본질적인 문제를 예리하게 비판하기보다는 오히려 특정한 결론을 강화시키고 사람들을 극단으로 몰아가는 부작용을 낳을 수 있다.

어쨌든 '경상도 출신 대통령들이 연이어 등장한 것은 단지 우연이 아니다.', '민주당이 보수의 텃밭을 장악해 결국 1당 독재로 향하고 있다.'는 이 계획론은 한국 정치의 복잡성을 드러내는 하나의 상징적 사례로 남는다. 사회적 불신이 커질수록 사람들은 더욱 계획의 존재를 믿게 되며, 결국 '이 모든 것은 처음부터 짜인 각본이고, 보이는 신이 민주당을 내세워 나라를 근본적으로 바꾸려 한다.'는 서사가 강력하게 자리 잡는다. 어떤 이는 이를 "황당무계한 이야기"라고 치부하지만, 다른 이는 "세상에 우연이 어디 있느냐."며 계획론의 울타리 안으로 기꺼이 들어선다. 결국 이런 계획이라는 것 자체가 다층적이고, 믿고자 하는 사람들에게는 언제나 현실보다 더 그럴듯해 보이는 법이다.

대한민국 법빠리들

"사법 종사자에게 굶어 죽는 것은 영광이다. 부정을 범하는 것보다 명예롭기 때문이다."

우리나라 초대 대법원장이었던 가인(街人) 김병로가 퇴임식에서 남긴 말이다. 김병로는 일제강점기 독립운동가들을 위해 헌신적으로 변론한 것으로 잘 알려져 있으며, 법조계에서는 오래전부터 존경받는 인물로 통했다. 그의 이 강직한 메시지는 법조인들 사이에서 금과옥조처럼 명예로운 교훈으로 인식되어 왔고, 수십 년이 지난 오늘날에도 법조계의 공식적인 자리에서 자주 인용되고 있다.

그러나 과연 우리 시대의 법조인들은 이처럼 법조인으로서 명예롭게 살고 죽으라는 법조계 대선배의 말을 제대로 지켜나가고 있을까? 근래 우리나라 법조인들은 진실과 정의를 위해 떳떳하게 말하고 행동하고 있는가?

한 국가가 정상적으로 작동하기 위해서는 영토와 국민, 그리고 사회의 기본 질서를 유지하는 법이 필수적이다. 설령 영토와 국민이 존재한다 하더라도 법질서가 확립되지 않은 상태라면 그 사회는 무법천지나 다름없게 된다. 즉, 법치주의가 제대로 자리 잡아야 국가가 정상적으로 운영될 수 있다는 뜻이다. 법질서가 바로 서기 위해서는 무엇보다 법의 정의를 실천하고 국민의 귀감이 되어야 할 판사, 검사, 변호사 등 법조인들에게 막중한 책임과 의무가 있다.

하지만 오늘날 우리나라의 법조계가 국민을 평등하게 대우하고, 정의를 실현하는 법의 수호자로서 역할을 제대로 하고 있다고 볼 수 있을까? 아마도 국민 대다수는 그렇지 않다고 판단하고 있을 것이다. 현재 우리 법조계 인사들을 보면, 정의와 법의 수호자라는 본연의 책임과 의무는 잊은 지 오래고, 오직 돈을 최고의 가치로 여기는 세태가 만연해 있다. 게다가 최근 들어서는 사상적 편향성까지 드러내며 국민들의 눈살을 찌푸리게 하고 있다.

법조계가 얼마나 타락했는지, 법의 기준이 정의가 아니라 돈과 이념적 편향이 되어버렸다는 느낌마저 든다. 법이 가진 신성한 가치가 일부 법조인들에게는 돈벌이 수단으로 전락하고 말았다. 돈을 많이 벌고 싶다면 기업가나 사업가를 하는 것이 맞는 일이다. 법조인은 그런 길과 달리 돈 없고 권력 없는 일반 국민들의 권리를 보호하고 진심으로 변호하는 데 앞장서야 한다. 그러나 정작 일반 시민들은 자신의 억울함을 진정으로 이해하고 변호해 줄 법조인을 만나기가 갈수록 어려워지고 있다.

법의 심판자로서 정의로운 역할을 해야 할 판사들의 현실도 다르지 않다. 판사 역시 변호사들과 별반 차이가 없다. 과거부터 있었던 '유전무죄 무전유죄(有錢無罪 無錢有罪)'라는 말이 시간이 지날수록 점점 더 사실로 굳어지고 있다. 언젠가 나의 지인이 법정에 설 일이 있었는데, 스스로 충분히 변호할 수 있을 듯하여 변호사를 선임하지 않고 재판에 임했다. 그런데 대뜸 판사가 "변호사도 없이 왔으니, 이거 뭐 보나 마나 지겠네요."라고 말하는 것이 아닌가? 세상에나, 판사가 변호사가 없다는 이유로 재판 결과가 뻔히 정해졌다는 듯한 말을 하는 것이 도대체 말이 되는 소리인가? 지인은 곧장 판사를 향해 "길고 짧은 것은 서로 대봐야 아는 것이지, 어떻게 시작도 하지 않고 진다는 말씀부터 하십니까?"라고 따져 물었고, 그 판사는 얼굴이 붉어지며 당황한 기색을 보였다. 다음 재판부터는 다른 판사가 나왔다. 결과적으로 지인은 변호사 없이도 승소했다. 이런 식의 판사가 어찌 법의 심판자로서 공정하고 올바른 판단을 내릴 수 있겠는가?

이러한 판사들의 부당한 행태가 만연한 가장 큰 원인은 한국 사회에 깊게 뿌리내린 '전관예우'라는 악습 때문이다. 판사와 검사는 퇴직 후 변호사로 개업하여 막대한 수익을 얻거나 대형 로펌에서 수십억 원 이상의 고액 연봉을 받을 수 있다. 특히 그들이 개업 초기에 수십억, 수백억 원을 쉽게 벌 수 있는 이유는 정의로운 법 집행이나 뛰어난 법률 지식 때문이 아니라, 단지 그들이 전직 판사나 검사였기 때문이다. 최근 증권가와 연예계, 정치권 등 사회적으로 이목을 끄는 부정부패 사건이 터질 때마다 빠짐없이 고위 법조인들이 연루되는 경우를 자주 목격한다. 이때마다 힘 있고 배경 좋은 사람들은 언론에 알려진 유명 전관예우 변호사를 먼저 찾아 나서고, 그 과정이 공개적으로 알려지면서 사회 전체가 '역시 전관예우가 있어야 이긴다.'는 잘못된 학습효과에 빠져들고 있다.

  법조계 인맥은 촘촘하게 얽혀 있으며, 후배 판검사들 역시 언젠가는 변호사로 나갈 것을 염두에 두고 있다. 그러므로 먼저 변호사가 된 선배들이 수임한 사건을 후배 판검사들이 우호적으로 처리하고 판결하는 '상부상조' 관행이 암묵적으로 이뤄진다. 그래야만 자신들도 퇴직 후에 막대한 부를 축적할 수 있기 때문이다.

  판사들이 정의로운 판단을 흐리게 하는 방법에는 여러 가지가 있지만, 특히 금전에 편향된 판사들이 흔히 쓰는 대표적인 판결 논리는 '심증은 있지만 물증이 없다.'는 것이다. 즉, 명백히 존재하는 수많은 증거가 돈의 힘 앞에서 마치 존재하지 않는 것처럼 사라지고 만다. 이렇게 당연히 죄가 있는 자들에게도 물증 부족을 이유로 무죄나 무죄에 가까운 판결을 내려 법의 정의와 신뢰를 저버리는 경우가 비일비재하다. 선거부정이나 지방자치단체의 부정부패 사건들 역시 마찬가지다. 보통 7~8명 이상의 전관예우 출신 변호사들이 한 사건을 맡아 합동으로 변호하며 막대한 금액을 쏟아부어 결국 승소 판결을 이끌어 낸다. 한번 이런 식으로 부당하게 승소하면 그 이후부터는 더욱 대담하게 부정부패와 비리를 저지르게 되는 악순환이 이어진다.

  최근 증권시장에서도 대형 금융사고나 주가조작 등의 사건이 잇

달아 터졌는데, 국민들은 이런 사건들에서 법원이 무죄를 선고하는 이유가 바로 전관예우로 유명한 변호사들의 영향력 때문이라고 믿고 있다. 국민들이 알지 못하는 부정부패와 비리는 헤아릴 수 없을 정도로 많을 것이다. 이러한 불공정이 계속 반복된다면 국민들의 억울함은 계속 커지고, 법과 사법부의 권위는 끝없이 추락할 것이다. 결국 법이 국민을 보호하지 않고 착취의 대상으로 여기게 된다면, 국민들의 애국심은 사라지고 국가 전체가 쇠락의 길로 접어들 수밖에 없다. 이것이 바로 법조계의 타락이 불러오는 비극적 결말이다.

『죄와 벌』은 러시아 대문호 표도르 도스토옙스키의 장편 소설로, 제목만 보더라도 죄를 지으면 벌을 받는다는 것을 쉽게 알 수 있다. 그러나 불행하게도 대한민국에서는 죄를 지으면 돈을 벌 수 있다는 인식이 사람들 사이에 점점 퍼져나가고 있다. '죄와 돈' 즉 죄 테크 전성시대라고 할 수 있다. 전세사기, 증권사기를 비롯하여 각종 공금, 기금 등에서도 수십 억 내지 수백 억 사기가 비일비재하고, 테라와 루나로 피해액이 무려 450억 달러에 달하는 희대의 가상화폐 사기범 권도형이 위조여권으로 몬테네그로에서 체포되었다. 향후 거처를 두고 치열하게 한국행이나 미국행을 두고 왈가왈부할 때, 모 TV 방송국에서 유명 법무법인 변호사가 출연하여 미국행일 경우 약 110년, 한국행일 경우 40년의 징역형이 예상된다고 했다. 그리고 마지막에 사기사건은 해석에 따라 무죄도 가능할 수 있다는 이야기를 했다. 이것은 권도형이 한국행일 경우 자신과 법무법인을 찾아오라는 명백한 광고이고 다른 사람들의 천문학적 피해보다는 자신들의 수익을 우선하는 용납할 수 없는 범죄행위일 수 있다. 범죄 수익이 10억 정도이면 전관예우 변호사를 알아보고 변호사비로 2억 정도 돈을 쓰면 집행유예나 무죄도 가능하다는 이야기가 시중에 떠돌고 있는 것을 볼 때, 가히 죄테크 전성시대가 아니겠는가. 성실하게 사는 국민들이 엄청난 피해자다.

대한민국 법조계가 어쩌다 이렇게까지 망가졌는가? 도대체 무엇 때문에 그토록 명예롭던 법조인들이 자신에게 부여된 정의의 사명을 헌신짝처럼 팽개치고 협잡꾼의 길을 걷고 있는 것일까?

정부, 국회와 그 산하기관은 물론 국방, 경제, 교육 등 사회 전 분야에 걸쳐 법조계 인사들이 마치 암세포처럼 파고들어 이권을 독점하고 부정부패를 확산시키고 있다. 법정에서 돈으로 정의를 왜곡했던 악습을 정치권으로 옮겨와 대한민국의 정치를, 삼류정치를 넘어 사류, 오류정치로 만들어 놓았다. 판사, 변호사 출신 대통령은 정권 재창출에 실패했고 검사 출신 윤석열 대통령은 탄핵까지 당했는데 더 이상 법빠리 대통령은 필요 없다는 것을 국민들은 알 것이다. 반면 실사구시적인 이공계 인재를 동등수준으로 우대하여야 한다. 이들의 탐욕은 세계적으로 인정받던 대한민국 경제의 경쟁력을 떨어뜨려 삼류 수준으로 추락시켰고, 자라나는 미래 세대가 배우는 교육 현장까지도 말할 수 없을 만큼 망쳐놓았다.

몽테스키외가 말한 자유민주주의 삼권분립의 핵심은 입법, 사법, 행정이 상호 분립 하여 균형과 견제를 통해 권력의 남용을 막자는 것이다. 하지만 지금 대한민국은 사법부가 입법과 행정까지 장악하며 삼권분립이라는 원칙은 이름만 남았고, 대한민국은 사실상 '사법공화국'이 되어버렸다. 더 이상 우리는 이들의 몰지각한 행태에 눈감고 침묵해서는 안 된다.

법이 곧 국가다. 그런 국가의 법을 사사로운 돈벌이로 부당하게 팔아먹는 것은, 결국 국가를 팔아먹는 매국노와 다름없다.

더 이상 법조계 인사들의 탐욕과 부정부패에 국가의 중대한 일을 맡길 수 없다. 앞으로 판사와 검사 출신의 법조인들이 변호사로 활동할 때는 최소 3년, 국회와 행정기관 등 공직에 진출할 때는 최소 10년의 유예기간을 둬야 한다. 이를 통해 자신의 사리사욕을 위해 판결을 왜곡하거나, 고위 공직으로 직행하는 폐단을 철저히 방지해야 한다. 또한 판사와 검사의 정년을 폐지하여 신분을 철저히 보장함으로써, 공정한 판단을 내릴 수 있는 환경을 조성해야 한다.

자유통일과 진정한 광복을 이루고 대한민국을 올바르게 세우는 일은 이제 오로지 국민의 손에 달려 있다. 부패한 권력은 절대로 스스로 물러나지 않는다. 정직과 진실이 바로 서는 나라, 공정과 상식이 존중받는 대한민국을 만들기 위해 국민이 직접 심판의 주역으로 나서야 한다.

선거관리위원회

최근 우리 사회에서 가장 뜨거운 논란은 바로 '부정선거' 문제다. 윤석열 대통령이 계엄령 선포의 근거로 선거부정 문제를 언급했고, 심지어 야권의 유력 대권 주자조차 재판정에서 공개적으로 부정선거가 있었다고 발언한 바 있다. 국가의 최고 권력자와 야권의 핵심 정치인 모두가 선거의 정당성을 의심하는 현실이 됐으니, 대한민국 민주주의 근간이 흔들리는 위태로운 상황이라 할 수 있다.

이런 상황에서 주목해야 할 것은 바로 공정한 선거를 주관해야 하는 선거관리위원회의 태도다. '아니 땐 굴뚝에 연기 날까.'라는 속담이 있듯이 김두관 전 행정자치부 장관이자 전직 국회의원인 그는, 현직 시절 대한민국 선거관리 업무를 총괄하며 선거제도의 속사정을 누구보다 잘 아는 인물이다. 그런 그가 부정선거 가능성을 직접 언급한 만큼, 국민의 불안과 의혹은 더욱 커질 수밖에 없다.

선거관리위원회는 국가의 핵심 헌법기관으로서, 무엇보다 공정성과 투명성을 생명처럼 지켜야 한다. 그러나 최근 선거관리위원회의 모습은 이런 기대와 너무나 거리가 멀어졌다. 헌법과 법률이 정한 정당한 감사조차 거부하며, 조직 내부의 비리와 부정부패 의혹이 불거지자 마치 마피아처럼 큰 비밀을 감추려는 듯한 모습을 보였다. 직원 채용과 승진 과정에서의 친인척 특혜 논란은 이미 언론을 통해 여러 차례 드러났고, 이런 문제들이 하나둘씩 공개될 때마다 선거관리위원회의 공정과 신뢰성은 심각하게 무너졌다.

더 큰 문제는 이런 심각한 의혹들에 대한 선관위의 태도다. 헌법과 법률을 초월하는 듯한 특권 의식을 드러내면서 감사를 정당한 이유 없이 거부하고, 국민의 요구에도 불구하고 독립성을 핑계로 모든 비판과 감시를 차단하고 있다. 그러나 독립기관이라고 해서 국민의 감시와 통제를 완전히 벗어날 수 있는 것은 아니다. 헌법과 법률 아래 존재하는 모든 국가기관은 부정과 비리로부터 완전히 자유로워야 하며, 국민 앞에서 청렴성과 공정성을 보여줄 때만 진정한 신뢰를 얻을 수 있다.

이러한 상황이 발생한 데에는 근본적으로 선거관리위원회에 대한 견제와 감시 시스템이 제대로 작동하지 않았기 때문이다. 특히 문재인 정부 시절부터 주요 공직에 정치적 중립성을 잃은 인물들이 자리 잡으면서, 헌법재판소를 비롯한 주요 국가기관이 선관위의 문제를 묵인하거나 방조하는 분위기가 형성됐다는 지적이 있다. 결국 이러한 제도적 취약점이 쌓이고 곪아 터지면서 국민들의 선거제도에 대한 신뢰가 흔들리고 있는 것이다.

더 큰 문제는 현재의 야당인 민주당이 이러한 상황에서도 제대로 된 견제나 비판보다는 오히려 선거관리위원회의 비호 세력처럼 행동한다는 점이다. 민주당이 선관위 문제에 소극적이고 무관심한 태도를 보이는 이유가 무엇인지, 국민들은 그 배경에 숨겨진 이해관계가 있지 않을까 의심하고 있다. 결국 국민들의 의구심이 더욱 커지면서 사회적 갈등과 정치적 분열을 키우고 있는 것이다.

세계 10위권의 경제대국이자 민주주의 선진국을 자처하는 대한민국에서 선거부정 의혹이 계속 반복적으로 제기되고, 그 의혹을 관리해야 할 기관이 오히려 불신의 중심에 선다면, 대한민국의 국제적 위상도 크게 흔들릴 수밖에 없다.

지금 필요한 것은 선거관리위원회의 과감한 개혁과 투명한 감사이다. 선거관리위원회 내부의 채용 비리와 부정부패 의혹은 철저히 감사하고, 국민 앞에 진실을 투명하게 밝혀야 한다. 그리고 그런 움직임의 중심에 MZ 세대가 있어야 한다. 더 이상 좌절하거나 침묵할 수 없는 세대가 스스로 정치적, 사회적 책임을 가지고 적극적으로 행동에 나서야 한다. 기득권 정치권이 아무리 권력과 기득권을 지키려 해도, 미래를 살아갈 MZ 세대가 중심이 되어 깨끗하고 공정한 선거 시스템을 요구하며 강력히 개혁을 추진해야 한다.

선거가 무너지면 민주주의가 무너진다. 부정과 비리를 덮으려는 자들을 MZ 세대와 5천만 국민이 감시하고 심판하여, 선거제도의 투명성과 공정성을 반드시 회복해야 한다. 이제부터라도 헌법재판소 등 국가기관에 대한 감시를 강화하고, MZ 세대가 주도적으로 참여해 대한민국 민주주의의 토대를 바로 세워야 한다. 지금의 위기는 오히려 그 기회가 될 수 있다. 이것이 바로 대한민국의 숙명이자 MZ세대가 반드시 새 시대를 창조해야 할 시대적 사명이다.

심판의 날

민주당은 김대중·노무현 대통령 후보 시절, 이른바 '병풍사건'으로 불린 김대업의 흑색선전(마타도어)을 이용해 대한민국 정치를 혼탁하게 했던 역사를 가지고 있다. 이후 박근혜 대통령의 탄핵을 거쳐 윤석열 대통령과 국무총리, 감사원장, 검사 등 30여 명에 대한 탄핵소추를 이어가며 극심한 국론 분열과 정치적 혼란을 초래했다. 그로 인해 국민들은 여전히 반탄(反彈)과 찬탄으로 나뉘어 갈등을 겪고 있으며, 국정 운영은 한 치 앞도 내다볼 수 없는 위태로운 상태가 계속되고 있다. 더 심각한 문제는 마타도어의 역사가 아직도 계속 진행 중이라는 점이다.

국민들은 하루빨리 일상의 안정과 회복을 간절히 바라고 있지만, 민주당과 국민의힘은 국민적 요구를 철저히 외면하고 오로지 권력 투쟁에만 몰두하고 있다. 특히 국민의힘은 어렵게 얻은 정권을 내부 갈등과 자중지란으로 두 차례나 잃고도, 뻔뻔스럽게 또다시 국민 앞에 표를 달라며 호소하고 있다. 민주당 역시 끝없는 탄핵 정국을 만들어 정치적 불안정과 국론 분열을 더욱 가속화시키고 있다. 이처럼 양당이 벌이는 끝없는 싸움 속에서 국가의 존립 기반마저 흔들리는 심각한 위기를 맞았다.

이제 대한민국에는 완전히 새로운 정치적 변화가 필요하다. 낡은 정치권의 끝없는 갈등과 대립을 넘어, 정의와 희망, 미래를 향한 새 길을 열어야 한다. 이러한 시대적 소명을 안고 MZ 세대가 앞장서기 시작했다. 차기 대통령 선거는 단순히 지도자를 뽑는 선거가 아니라, 낡은 정치를 심판하고 새로운 시대의 문을 여는 역사적 분기점이다. 국민의 한 표는 총알보다 강력하다. MZ 새 시대 창조단장 유승민 대한체육회장과 함께, 진정한 통합과 번영 그리고 자유통일을 향한 새로운 역사를 만들어 갈 때이다.

MZ 새 시대 창조단(약칭: 창조단) 정의

낡은 체제와 정치적 혼란을 넘어, 진정한 통합과 번영의 자유통일 대한민국을 이루기 위해 희망과 정의로 결의한 신(新) 공화국 창조를 꿈꾸는 MZ 세대가 시대적 사명을 안고 창조단으로 일어난다. MZ 새 시대 창조단(團)은 기존 혼탁한 정치판에 뛰어드는 창조당(黨)은 결코 아니다. 오직 상식과 정의, 그리고 평화라는 가치로 무장하고 새로운 시대를 열어갈 주역이다. 창조단의 결성 및 운영의 모든 권한과 책임을 유승민 단장에게 위임한다.

―머털도사―

2024년도 중국은 배고프다
중국과 한반도의 미래
통일이 있다면 적화통일만 있을 뿐이다

동키호테 지음

"배고픈 중국(짱닭)이
아픈 다리와 병든 부리 때문에
맛있는 애벌레를 먹지 못하고
군침만 흘리고 있다."

바른북스

2061年度 中華人民共和國 完成

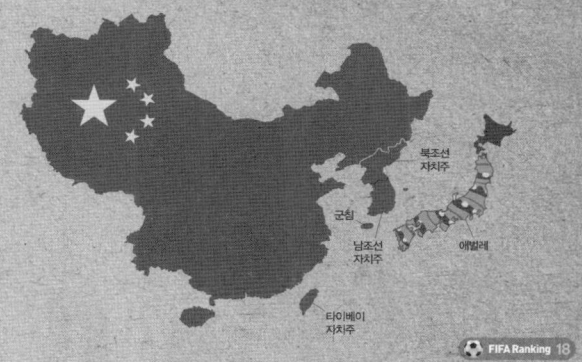

2100年度 大中華人民共和國全度(GCA: GREAT CHINA)

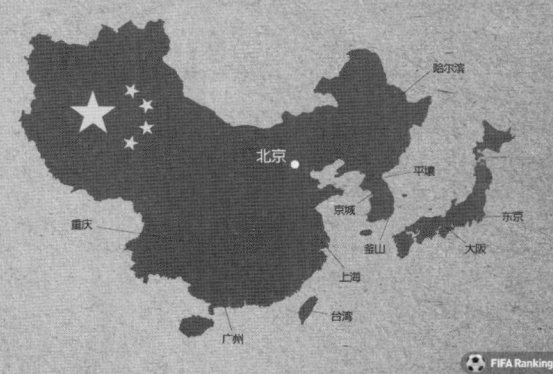

2부
중국과 한반도의 미래

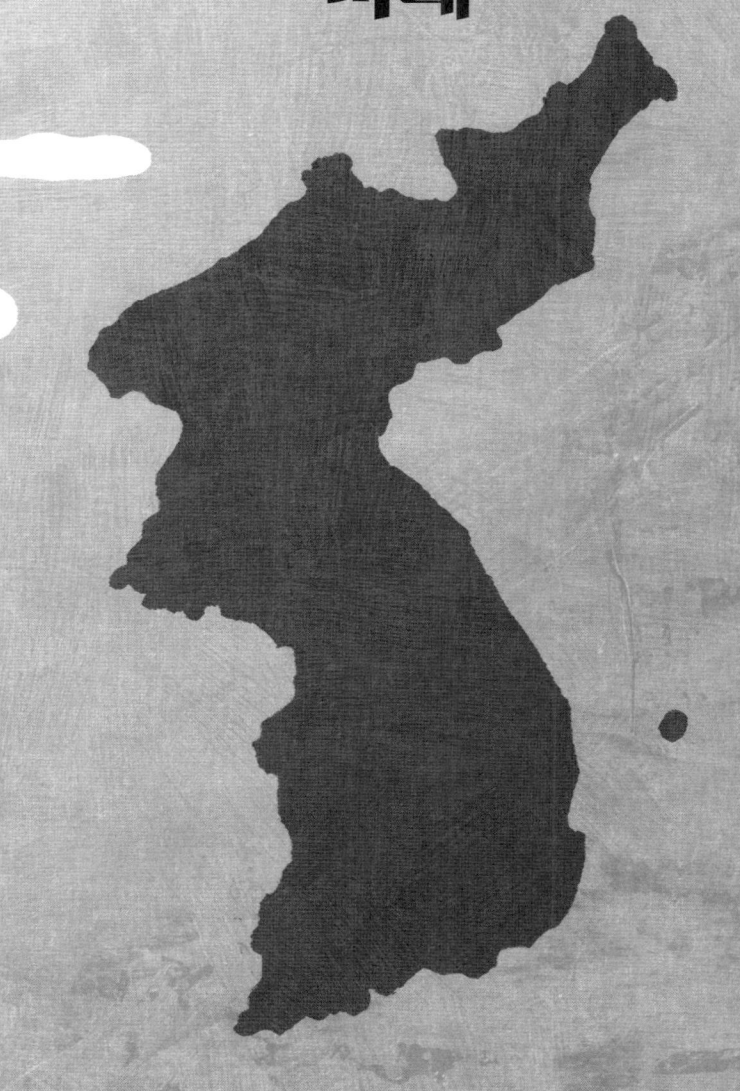

최근 중국과 북한의 관계가 급격히 흔들리고 있다. 북한이 러시아에 탄약을 지원하고 우크라이나 전쟁에까지 참전하면서 중국의 강력한 반대와 경고를 무시했기 때문이다. 중국 지도부는 오랜 세월 북한을 지원하며 전략적 동반자로 여겨왔지만, 이제는 더 이상 북한을 신뢰할 수 없는 존재로 판단하고 있다. 특히 최근 중국이 한국의 주요 인사들을 국가 원수급으로 환대하는 모습은 양국 관계의 중요한 전환점이 되고 있다.

이러한 변화는 한반도의 지정학적 질서에 중대한 영향을 미칠 수 있다. 중국은 북한 김일성 왕조를 포기하고 한국과 협력하여 한반도의 자율적 통일을 지지할 가능성을 내비치고 있다. 이는 과거 신라가 당나라와 손을 잡고 고구려를 멸망시킨 역사적 사건을 연상시키는 전략적 변화이다. 이 시나리오가 현실화될 경우, 자유통일은 중국의 암묵적 지지 속에서 이루어질 수 있으며, 이후 중국과의 국경 재정립과 긴밀한 경제·문화 교류로 이어질 가능성이 크다.

이 책의 2부 「중국과 한반도의 미래」는 2024년 출간한 『중국과 한반도의 미래』 내용 중 일부를 수록하였다. 변화하는 중국의 한반도 정책과 한국이 나아갈 전략적 대응 방향을 상세히 다룬다. 특히 싱가포르와 중국의 관계 모델을 참고해, 자유통일을 이룬 한국이 중국과의 전략적 협력을 통해 경제적으로 번영하면서도 정치적 독립성을 유지할 수 있는 방안을 제시한다. 이 책은 독자들에게 다가올 새로운 시대의 한반도와 중국의 관계를 이해하고 준비할 수 있는 명확한 지침을 제공할 것이다.

황금 분할

　엉뚱한 말 같지만 한국은 한국이고 조선(북한)은 조선이다. 우리가 원하는 한반도의 평화통일은 하늘이 두 쪽 나야 할 수 있다. 우리가 평화통일을 해야 한다고 부르짖으면서 북한은 적화야욕을 버려야 된다고 말하는 것은 한마디로 모순이다. 무슨 권리로 우리가 하면 되고 상대방은 하면 안 된다고 하는가? 우리가 평화통일을 하지 않겠다고 하고, 상대방에게도 적화야욕을 버리라고 하는 것이 공평하지 않겠나.

　현재 한반도는 6.25 전쟁 중단으로 생긴 휴전선을 사이에 두고 북한의 김씨 조선 왕조와 남한의 자유대한민국이 군사적으로 대치하고 있다. 광복 이후 80여 년 동안 적대적 관계로 분단된 채 살아온 남과 북은 한반도 통일이라는 민족적 과제를 외쳐댔지만, 통일의 방식과 의미에 있어서 각자의 생각은 완전히 달랐다. 또 북한의 핵무기 개발과 잦은 군사적 도발로 서로를 향한 불신의 골은 깊어만 갔고, 이제는 국민 대다수가 통일이 될 것이라는 기대감마저 많이 사라진 상태다.

하지만 일각에서는 아직도 통일을 주장하면서 남과 북이 하나가 될 수 있을 것이란 꿈에 부푼 희망고문을 하는 사람들도 있다. 물론 정치인들이 남북통일을 이야기하는 것은 정치적인 수사일 수는 있겠지만, 현실적으로 불가능한 이상을 외치는 것보다는 남북의 군사적 대결과 긴장이라는 현실적 문제를 풀어내는 것이 더 바람직한 일이다. 최근 반기문 전 UN 사무총장이 통일을 이야기하면서 남북한도 독일과 같은 모델로 어느 날 갑자기 통일이 찾아올 수 있다는 견해를 밝히는 것을 신문에서 봤다. 즉 독일의 동독이 스스로 무너진 것처럼 북한의 김씨 조선 왕조도 어느 순간 무너지면 통일이 될 수 있다는 말이었다. 심지어 일각에서 흡수통일이란 말도 나오는데 말도 안 되는 소리다. 설령 김씨 조선 왕조가 스스로 무너지더라도 우리에게는 독일과 같이 통일될 수 없는 명백한 걸림돌이 있다. 바로 중국이다. 중국은 우리나라가 독일의 모델처럼 통일되는 것을 가만히 보고만 있을 리가 없다.

한반도는 역사상 어떤 왕조가 들어섰건 간에 항상 중국의 영향력 아래에 있었고, 중국도 한반도에 들어서는 왕조를 직접 통치는 하지 않았지만 언제나 속국으로 여겨왔다. 가장 이해하기 쉬운 예로 여말선초의 상황을 들 수 있다.

고려 말 이성계는 요동을 공략하기 위해 출정했다가 위화도에서 회군한다. 개성으로 돌아온 이성계는 고려 왕을 폐위한 이후 꼭두각시 왕을 세우지만, 끝내는 자신이 왕에 올라 새로운 왕조를 열게 된다. 이성계가 새로운 왕조를 세우고 나서 가장 먼저 한 일이 무엇이었나. 바로 중국 명나라에 사신을 파견해서 명나라 황제에게 조공하고 새로운 국호를 정해달라는 것이었다. 이성계의 이런 모습을 두고 매우 굴욕적인 처사고 사대적이라고 비판하는 사람들도 있지만, 명나라에 조공을 바치고 사신을 파견한 일은 매우 현명한 처신이었다.

만약 이성계가 역성혁명을 하고 중국에 사신도 보내지 않고 스스로 황제라 칭했다면 어떻게 되었겠나? 명나라에서는 바로 군사를 일으켜서 한반도로 쳐들어왔을 테고, 삼전도의 굴욕 정도가 아니라 이성계의 목숨도 부지하지 못했을 것이다. 이성계는 위화도 회군을 계획할 때 이러한 시나리오가 이미 머릿속에 다 있었고, 그래서 이성계는 명나라 황제에게 자신은 딴마음이 없다는 것을 강조하기 위해 조공을 바치고 국호를 정해달라고 한 것이었다. 이는 이성계 자신은 딴마음을 품지 않고 대국인 명나라를 충실히 섬기겠다는 의미를 전달한 셈이며, 그로써 이성계는 응징당하지 않고 이씨 조선 왕조시대를 창업할 수 있었다. 표면적으로는 굴욕적 처사로 보일 수도 있지만, 역사를 그 시대적 상황의 잣대로 보면 이성계 입장에서는 매우 현명하고 영리한 선택이었다.

그리고 중국 명나라 입장에서도 전혀 나쁠 것이 없었다. 명나라 황제도 모든 일을 독단적으로 처리하는 것이 아니라, 어전회의를 열고 대신들의 의견을 듣고 정책을 펼친다. 이성계가 중국의 허락도 받지 않고 고려의 왕을 폐위한 것을 두고 분명히 대신들 사이에 의견이 분분했을 테다. 역적 이성계를 죽이자는 의견도 있었겠지만, 이성계가 먼저 조공을 바치고 국호를 정해달라며 머리 숙이고 들어오니 명나라는 조선을 속국으로 인정하고 이성계에게 조선을 다스리라고 명했던 것이다. 명나라 입장에서도 황하 유역 기름진 땅도 많은데 굳이 중국 대륙에서 멀리 떨어진 오지의 자투리땅을 황제가 직접 통치하기보다는 조선을 속국으로 하고 조공(**땅 사용료**)을 받고 간접적으로 통치하는 것이 더 실리적이었던 셈이다.

이처럼 한반도의 역사에서 중국은 어떤 왕조가 들어서건 직접 통치할 수 있는 힘이 있었지만, 통치하기에 불편한 점이 많아 한반도를 지배권 아래에만 두었다. 물론 일제강점기는 청나라가 일본에 패해 한반도를 일본이 점령했던 예외적인 시기다. 고종의 무능과 이완용 등의 매국 행위로 나라를 일본에 빼앗겼다고 생각하는 사람들이 많은데, 이는 시대감각이 떨어진 어리석은 사람들 생각이고 실제로는 당시 청나라가 무능한 탓이었다. 개항기 중국의 상황을 되짚어보면, 각종 부정부패로 나라의 국운이 기울고, 서양 열강들이 중국에 물밀듯이 들어오고 있던 때라 중국이 제대로 된 힘을 발휘할 수 없었다. 그런 상황에서 조선을 두고 청일전쟁이 벌어졌고, 여기서 청나라가 패했기 때문에 결정적으로 조선의 운명을 일본이 쥐게 되었다. 그 당시의 중국이 오늘날처럼 막강한 군사력을 보유했더라면 청일전쟁에서 이겨 이씨 조선 왕조가 계속 보존될 수 있었다는 말이다.

해방 전후 중국은 국공내전 중이라 한반도에 관심을 둘 수 없었고 미국과 소련이 각각 남북으로 들어와 38선을 기준으로 양분하였다. 지금은 중국이 조선(북한)을 영향권 아래에 두고 있으며, 대만 통일 이후에는 한반도 전체를 손아귀에 넣기 위한 야욕을 서서히 드러낼 것이다. 현재는 중국이 북한을 바둑에서 대마를 잡기 위한 사석(死石)으로 활용하고 있다. 즉 버린 자식으로 취급하고 있는 것이다. 중국이 한국과 일본이라는 대마를 잡을 때까지는 비록 버린 자식이나마 북한이 굶어 죽지 않을 정도로만 양식을 주고 있는 것이며, 북한의 김씨 조선 왕조는 한반도가 중국 지배권으로 들어가면 끝나게 된다. 옛날 조선 초에는 중국의 입장에서 한반도는 먼 오지였기에 이성계에게 위임 통치 하도록 했지만, 지금은 한국이 아시아의 중심 국가로 발전하고 교통이 사통팔달로 이어졌기에 위임 통치보다 직할 통치가 더 실익이 크다. 중국이 이렇게 생각하고 있는데, 만약 북한의 김씨 조선 왕조가 스스로 무너진다고 해서 독일의 서독이 갑작스럽게 통일했듯이 남한이 북한을 자연스럽게 품을 수 있겠는가? 정답은 NO다. 과거 역사를 통해 보면 그런 시나리오는 절대 현실이 될 수 없다. 중국은 한반도에서 전쟁을 세 번 했는데, 전적은 1무 1패 1승이었다. 먼저 1무는 6.25 전쟁인데 휴전으로 무승부로 끝났고, 두 번째는 청일전쟁으로 일본에 패하여 한반도를 뺏겼다. 세 번째는 임진왜란으로 조선과 명나라가 합심하여 일본군을 몰아내고 이겼다. 이처럼 조선의 위기 때마다 중국이 참전했고, 특히 6.25 전쟁 때는 마오쩌둥이 항미원조 명분으로 참전하면서 장남을 비롯해 수십만 명의 사상자가 발생했다. 중국은 그들뿐만 아니라 예로부터 한반도에서 벌어진 전쟁으로 잃은 수많은 희생자들을 결코 잊지 않는다.

전쟁 전 38선 부근에 휴전선이 있는 것도 중국이 한반도를 훗날 지배할 것을 기약하고 설정한 것이었다. 즉 38선보다 더 땅을 내어 줄 수 없다는 강한 의지였다. 만약에 남북 전쟁이 발발하면 중국은 바다 건너 불구경하듯이 즐기고, 상황을 예의주시하면서 조선이 질 것으로 판단되면 즉시 참전할 것이다. 혹은 계속 전쟁이 이어지면서 수천만 명의 사상자가 발생하고 쌍방이 초토화되면, 중국은 어느 순간 한반도에 전격 진입하여 남북의 군사들을 쉽게 제압하고 지배할 계획을 짜고 있을 것이다. 옛날 종이호랑이 시절의 중국이 아니다. 국제 정세 흐름으로 볼 때 우리의 의지대로 한반도가 평화통일 하려면 하늘이 두 쪽 나야 할 수 있다. 즉 우리가 중국을 지배하면 모든 것이 가능한 것이다.

　반면 조선 반도로 적화통일은 어떨까? 정답은 YES다. 한반도의 통일이 있다면 적화통일만 있을 뿐이다. 그리고 확률은 현재 99.97%로 100%에서 0.03%가 모자란다. 적화통일이 목전에 있기에 핵무기는 북한이 아니라 오히려 한국이 보유해야 하는 상황이다.

　이제 한국에서 적화통일이나 중국에 지배를 당하지 않으려면 남과 북이 서로 공존·공영하는 길밖에 없다. 북한도 적화통일은 김일성 왕조가 끝이라는 걸 인식해야 한다. 남북한도 이제는 통일에 대한 미련을 버리고, 통일 관련 부서도 하루빨리 폐지하고 상호 호칭도 한국과 조선으로 불러야 한다. 유엔에서도 남북을 한국과 조선이라는 국가로 각각 승인받았고 외국에서도 그렇게 인정하는데, 한반도에서만 한국에서는 조선을 북한이라고 하고 조선은 남한을 남조선이라 부를 이유가 없다.

　북한은 한국이 존재하는 것만으로도 김일성 왕조를 계속 이어갈 수 있고, 한국 또한 북한의 김일성 왕조가 지켜주고 있는 셈이다. 따지고 보면 서로 윈윈하고 있으니, 이것이 '황금 분할'이 아니고 무엇이겠나.

　어쨌든 한국과 북한은 서로 대화해야 하고, 현재 전 세계적인 주목을 받으며 아버지에게 통치 수업을 받고 있는 후계자 김주애 왕세녀가 조기에 잘 정착할 수 있도록 한국에서도 적극 지원할 방법을 찾아야 한다. 북한에서 예민하게 반응하는 휴전선 인근 삐라 날리기, 확성기 방송, 참수 작전 같은 말은 한국과 북한 관계의 긴장 완화에 전혀 도움이 안 된다. 이러한 일들도 금기시해야 한다. 그러면서도 국가 안보에는 한 치의 소홀함이 있어서는 안 될 것이다.

　북한도 중국의 속내를 분명히 알아야 한다. 남북한이 서로 불신에 휩싸여 군사적 대립을 이어가면 결국 중국만 속으로 웃게 된다. 군사적 대립에서 더 나아가 남북이 전쟁으로까지 치닫게 되면 통일은 커녕 중국의 한반도 장악 시나리오를 완성시킬 따름이다.

김씨 조선 왕녀의 난

　조선 건국 초기, 1398년과 1400년에 두 차례 왕자의 난이 일어난다. 1차 왕자의 난이라고 불리는 1398년 무인정사(戊寅定社)로 이방원의 계모 신의왕후 한 씨 소생이었던 세자 방석과 그의 형 방번이 살해되었다. 그리고 조선 건국의 최대 공신인 정도전과 남은도 왕자의 난으로 제거된다.

　조선의 왕자의 난은 태조의 후계자 책정 문제에서 비롯되었다. 태조의 많은 아들 중 조선 건국의 공이 가장 컸던 이방원이 왕이 되기 위해 자신의 이복동생들과 친형제를 숙청했던 것이다. 과거는 현재의 거울이라고 했던가. 현재 북한에서도 조선의 왕자의 난과 같은 최고 권력을 둘러싼 미묘한 갈등과 불화의 불씨가 싹트고 있다.

　북한에서 최고 권력을 둘러싼 불화의 불씨는 왕자들 사이에서 일어나는 것이 아니라, 왕녀들 사이에서 벌어질 징조를 보인다. 북한의 김정은은 아버지 김정일과는 달리 비교적 통치 경험이 일천한 상태에서 왕위를 세습했다. 김정일은 1980년 정치국 상무위원 겸 당 중앙군사위원회 위원으로 추대되면서 대외적으로 후계자로 인정받고, 1994년 김일성 사후에는 국방위원장으로서 김씨 왕조의 최고 권력자가 되었다. 이처럼 김정일은 김일성의 후계자로서 공식석상에 모습을 드러낸 후 오랜 기간 통치 교육을 받았지만, 김정은은 거의 존재감이 없다가 2008년 이후 대외적으로 널리 알려졌고 2011년 김정일 사후 곧바로 북한의 최고 권력자가 된다.

통치 경험이나 공식적인 정치 활동이 전무했기에 아무래도 김정은은 권력 기반이 약할 수밖에 없었다. 그래서 그의 여동생인 김여정이 오빠인 김정은을 도와 대내외적으로 권력의 중심에서 활동하는 모습을 자주 보이게 된다. 김정은의 아버지 김정일도 김경희라는 여동생이 있었지만, 김경희는 경공업부장으로 처음부터 쭉 권력의 중심에 있던 인물이 아니다. 반면 지금의 노동당 조직부부장인 김여정과는 다른 행보를 보였다.

김씨 왕조에서 김여정은 큰 비중을 차지하고 있는 것으로 보인다. 김정일의 장례식 때 본격적으로 모습을 드러낸 김여정은 2014년 북한 제13기 최고인민회의 대의원 선거에서 김정은의 수행자로 나서면서 공식 석상에 모습을 드러냈다. 특히 당시 김정은의 최측근이었던 최룡해, 김경옥, 황병서와 동행하며 정치적 위상이 얼마나 큰지 짐작게 했다. 또 김정은이 북한의 각지를 순시할 때 김여정이 보좌하는 모습이 언론에 자주 노출되었으며, 2018년 평창 동계올림픽 때는 김여정이 북한 대표단에 포함돼 청와대에 와서 김정은의 친서를 전달했다.

김씨 조선이 왕녀의 난의 조짐을 보이는 것은 이러한 김여정의 대내외적 영향력 때문이다. 현재 김정은의 후계자로 10살 내외의 어린 딸 김주애가 거론되면서 북한 공식 언론에 자주 등장하고 있는데, 많은 북한 전문가들이 김정은에게는 아들이 없거나 특별한 이유로 대외적으로 공개하지 못하고 있기에 김주애가 공식 후계자가 될 것으로 분석하고 있다. 이 분석이 설득력이 있는 게, 김정은은 아버지나 할아버지와 달리 스위스에서 오랜 유학생활을 했기에 공개석상에 여자 가족 노출을 꺼려 하는 모습을 보이지 않는다. 그래서 그의 부인 이설주나 딸 김주애가 지속해서 언론에 노출되고 있다. 만약 후계자인 아들이 있다면 분명히 아들도 공식적인 자리에 노출되었을 것이다.

그런데 문제는 김정은의 건강 상태에 있다. 언론에 나타나는 김정은의 모습은 확연히 건강이 좋지 않은 모습이고, 건강 문제가 심각하다는 소식이 여러 북한 소식통을 통해서 전해지고 있다. 그래서 통치 권력이 무너지는 것을 막기 위해 예상보다 이른 시기에 후계자인 딸 김주애를 세상에 공개했다는 분석이 지배적이다.

이 같은 상황이라면 김정은 사후 막강한 영향력을 가진 김여정이 섭정할 가능성이 매우 크다. 특히 김여정의 남편이 최룡해의 둘째 아들이라는 것이 확실시되고 있는데, 최룡해는 김정은 정권의 2인자로 현재 최고인민회의 상임위원회 위원장을 맡고 있다. 만약 김정은

이 건강상의 이유로 급사했다고 가정해 보자. 어떤 일이 벌어질까? 권력 기반이 무너지지 않고 정상적으로 딸 김주애가 최고 권력자가 되면, 현재 권력 핵심층인 김여정이나 최룡해는 김주애의 권력 기반 유지를 위해 충성을 다할 것이라 생각되는가?

조선 왕자의 난에서도 알 수 있듯이, 권력은 나눌 수도 없고 권력을 가지기 위해서라면 인륜과 천륜까지 버릴 수 있는 게 인간의 권력욕이다. 지금 김씨 조선에서 막강한 영향력을 가진 김여정 일파가 유사시에 군부세력과 손을 잡고 쿠테타를 일으키지 말라는 법도 없다. 즉 왕녀의 난이 일어날 가능성이 있다는 의미다.

'등잔 밑이 어둡다.'라는 속담은 김정은을 두고 한 말 같다. 북한의 김씨 조선의 정세가 극도로 불안정해지면 우리나라에 미칠 영향이 매우 크다. 특히 북한 군부세력이 움직이면 간신히 유지하고 있는 평화가 깨지고 전쟁으로까지 치달을 수 있는 위험성도 있다.

왕녀의 난은 아직 일어나지 않았다. 하지만, 유사시에 왕녀의 난이 일어날 개연성은 매우 크다. 한반도의 평화를 위해서라도 김정은은 김여정의 영향력이 커지는 것을 더 이상 방치하면 안 된다. 이씨 조선에서 왕자의 난이 일어날 때 이방원의 세력이 이미 너무 커서 아버지 이성계도 막을 도리가 없듯이 김여정의 경우도 마찬가지일 수 있다.

또 아버지 김정일이 이복동생 김평일(**조선 인민무력부작전국 부국장 역임**)을 유럽의 여러 나라 대사로 오랫동안 내보낸 것도 정황상 후계자 김정은에게 자연스럽게 보위를 물려주자는 아버지의 뜻임을 알 수 있다. 김정일은 이복동생이 아닌 친동생이라 해도 예외가 없었을 것이다. 현재 권력의 단맛을 보고 있는 김씨 조선의 왕가 3대 왕 김정은이 지난 역사에서 제대로 된 교훈을 얻을 수 있을지는 의문이다. 우리의 평화를 위해서라도 김씨 조선 왕녀들의 행보를 예의주시해야 한다.

북한의 핵폭탄과 남한의 수소 폭탄

　　북한은 1955년 핵물리학 연구소를 설치한 이후 지속적으로 핵무기 개발을 추진해 왔고, 소련 붕괴 이후에는 영변 핵단지를 중심으로 핵개발을 본격화했다. 특히 2005년에는 핵무기 보유를 공식 선언함으로써 한국을 비롯한 자유 우방국은 수차례 핵 위기를 겪게 된다. 물론 한국과 미국 등 주변국들과의 대화를 통해 북한의 비핵화에 대한 기대감이 높아지는 시기도 있었지만, 2018년 북미 비핵화 협상에도 불구하고 북한은 핵미사일 고도화를 위한 노력을 지속적으로 강화하고 있다.

　　북한의 핵 문제는 하루이틀이 아니라서 핵미사일 위협을 억제 및 대응하기 위해 자유 우방국들이 노력하고는 있지만, 북한은 김일성-김정일-김정은 3대 세습을 거치면서 김씨 체제의 강화와 내부 결속의 수단으로, 외부 세력을 향한 공격적인 수단으로 핵무기를 활용해 왔다.

 이러한 상황에서 핵 도발을 잠재우기 위한 대화의 노력은 그 한계점이 분명해 보인다. 1994년 북미 '제네바 기본합의'와 6자 회담, 그 이후 남북 정상회담을 통해 북한의 핵 문제를 해결하고자 했지만, 큰 성과 없이 오히려 북한의 핵미사일 체제가 더욱 강화된 측면이 크기 때문이다.

 우리가 이 시점에서 북한의 핵 위협에 대응할 수 있는 방법으로는 탈북민을 고려 대상으로 삼을 필요가 있다. 우선 탈북민이라는 용어의 문제를 바로잡아야 한다. 매년 수많은 북한 주민들이 중국과 한국 등지로 목숨을 걸고 탈출하는데, 특히 그중 자유를 찾아 한국으로 온 북한 주민은 '탈북자(민)'라는 용어 대신 자남민(**자유를 찾아 남한으로 온 사람들**)으로 표현하는 것이 옳다고 본다. 당연히 중국에 있으면 탈북자 신분이고 자유를 찾아 남한에 온 사람만 자남민으로 구분하여 불러야 한다.

 현재 한국에 거주하는 자남민은 3만 명이 넘는다. 우리나라 정부는 북한에서 자유를 찾아 남한으로 오는 사람들을 위해 주거·취업·교육 등 사회 전반에 걸쳐 여러 지원을 해주고 있는데, 사실 이러한 지원은 자남민이 자력으로 한국에서 살기에는 턱없이 부족하여 많은 자남민들이 탈북 당시 기대에 비하여 고된 삶을 살고 있기 때문이다. 심지어 도로 북한으로 돌아가는 안타까운 사례도 있는데, 이러한 점을 정부나 국민들이 깊이 인식해야 한다. 북한에서 남한으로 온 대부분의 사람들은 먹고살기 힘들어서, 자유가 없어서 목숨을 걸고 넘어오는 것인데, 이러한 자남민이 한국의 지원이 부족해 정착하기 힘든 환경이라면 누가 죽음을 각오하고 한국으로 오려고 하겠는가?

우리나라 정부에서 우선적으로 할 일은 자남민을 위한 주거 안정이고, 그다음으로 정부, 지자체 공무원 채용과 LH나 관공서, 주요 대기업 등의 자남민 취업에 특별 전형을 대폭 확대하여 안정적 수입창출을 해주는 것이다. 자영업이나 사업하는 자남민에게 정부 공공기관 입찰 시 일정 금액 범위 내 수의 계약을 할 수 있도록 지원해야 한다. 정부 차원에서 인구 감소로 소멸 위기에 봉착한 지자체에서는 각종 인센티브를 제공하여 자남민을 유치할 수 있는 정책을 펼쳐야 한다. 또 마음 놓고 거주할 수 있는 공간이 있어야 안정감을 찾을 수 있고, 직업이 있어야 정상적인 사회경제 생활을 할 수 있다. 양질의 교육적 환경 제공과 금융 및 세제 혜택도 적극적으로 고려해 볼 만한 지원 제도다. 또 민간 영역에서는 종교단체와 법률단체의 지원으로 그들이 떳떳하게 한국에서 먹고살 수 있도록 도와줄 수 있다. 즉 북한에서 탈출할 의사가 있는 사람들이 한국은 진정한 자유의 나라라는 인식을 하도록 모든 구성원이 노력해야 한다는 말이다.

북한 핵 위협을 이야기하는데, 자남민에 대한 적극적 지원을 강조하는 것이 무슨 의미가 있는지 의문을 가질 수 있을 것이다. 북한 김씨 정권의 입장에서는 자남민이 갈수록 늘어가는 현상이 굉장히 위협이 될 수 있다. 이것은 한국에서 북한 핵에 대해 수소 폭탄으로 대응하는 것 이상의 큰 폭발력을 가진다. 현재는 자남민이 약 3만 명이지만, 자유국가라는 한국의 이미지와 자남민 우대 정책 시행으로 남한으로 물밀듯 찾아오는 자남민이 30만 명, 50만 명, 100만 명이 유입되면 북한에 얼마나 큰 위협이 되겠는가? 그야말로 핵폭탄의 수백 배에 달하는 위협으로 비칠 것이다.

그리고 자남민의 유입은 우리나라 경제에도 큰 도움이 된다. 한국은 세계에서도 저출산, 노동력 부족 국가로 손꼽히며, 이러한 현상은 한국 경제 저성장을 비롯한 악영향을 미칠 것으로 분석되고 있다. 북한에서 탈출한 일반 주민은 우리나라에서 외국인 노동자를 대신할 수 있고, 북한의 고급 인재(고위직)인 자남민에게는 그에 상당한 지원책으로 북한의 위협에 대응하는 브레인이나 각 전문 분야에 적극 활용할 수 있다. 또 한국에서 자유롭게 활동하는 자남민이 늘어나면 전 세계에서 우리나라가 자유국가라는 이미지도 제고될 수 있지 않겠는가.

자남민 유입 확대를 위해서는 국가뿐만 아니라, KBS나 MBC, SBS 지상파와 종편 방송국 등의 역할도 중요하다. 우리나라의 공영방송국에서는 북한에서 일어난 일이나 남북문제를 주로 다루고 있는데, 여기에 더해 우리나라에 안정적으로 정착한 자남민의 사례나 이야기를 정기적으로 방영하면 탈북 의사가 있는 북한 주민과 중국에 떠돌고 있는 탈북민에게도 큰 영향을 미칠 수 있다. 또 정부에서는 현재 국민들이 바라는 통일은 절대 이루어질 수 없는데 통일이라는 희망고문을 하고 있는 유명무실화된 통일부 대신, 자남민 지원부나 지원청으로 개편해 독립적 기구로서 북한에서 한국으로 온 사람들을 위한 여러 맞춤형 지원 정책을 펼쳐나가면 북한 주민이나 우리나라 국민들의 인식 전환에도 큰 도움이 될 것이라 생각된다.

북한 김씨 왕조 정권의 핵폭탄 위협에 대한 대응은 물리적 수소 폭탄이 절대 아니다. 북한을 구성하고 있는 주민들과 현재 중국에서 북송 위험에 처해 있는 수많은 탈북민이 자유를 찾아 한국으로 대거 몰려올 수 있도록 하는 것이다. 그들을 우리 동포로 감싸안고, 적극적인 우대 정책 실시로 안정적인 자유대한민국의 삶을 누리게 하는 것이 진정 수소 폭탄 이상으로 북한 김씨 왕조에 대한 위협과 타격을 주고 남침 야욕을 꺾는 지름길이다.

시(時)수저,
무엇과도 바꿀 수 없는 소중한 생명

한국의 자살률은 OECD(경제협력개발기구) 회원국 중에서 가장 높다. 2020년 기준 인구 10만 명당 24.1명이 극단적 선택으로 세상을 떠났다. 이는 OECD 평균 자살률 11.1명의 2배를 넘는 수치이다.

한국은 이제 막 선진국 대열에 들어섰다. 문화 강국의 면모를 전 세계에 널리 알리고 있고, 세계 어디를 가더라도 '코리아'가 더 이상 낯선 이름이 아니다. 전체적인 국가의 위상은 높아지고 있는데, 왜 이렇게 많은 사람들이 스스로 목숨을 저버리는 것일까? 아마도 갈수록 심해지는 양극화와 한번 실패하면 회생이 힘든 사회 구조적 문제와 분위기 탓이 가장 클 것이다. 최근에는 이런 경제적 어려움으로 자살을 할 때 자기 자신뿐만 아니라, 자식 등 가족과 함께 극단적 선택을 하는 경우가 크게 늘고 있다. 예를 들면 가장이 세상을 비관해 목숨을 끊을 때, 어린 자녀를 보내고 뒤따라 죽는 식이다.

자살이라는 불행을 초래하는 우리 사회의 양극화와 경제적 어려움은 사회적 관계를 형성하는 데까지 뿌리 깊게 박혀 있는 듯하다. 그 대표적인 사례가 언제부턴가 한국 사회를 장악한 '수저론'이다. 부모의 자산이 많지 않아 어렵게 공부하고 모든 걸 밑바닥에서 시작해야 하는 소위 '흙수저'부터 모든 이의 선망의 대상이 되는 존재를 일컫는 '금수저'까지. 2000년대 이후 새롭게 등장한 이 수저 계급론은 갈수록 진화되어 수저 4계급론, 수저 7계급론 등 더욱 세분화되어 경제력을 기준으로 모든 사람을 나누는 풍토가 조성되었다.

　'태어나 보니 누군가의 아들이나 딸이라서 좋겠다.'라는 인식이 대중매체를 통해 남발되기 시작하더니, 이제는 스스로가 '나는 흙수저라 불행하다.', '나도 부모 잘 만나 금수저를 물고 태어났으면 얼마나 좋았을까.' 하는 자조적인 표현을 쓰는 사람들도 많아졌다. 이 수저론은 자의든 타의든 낮은 계급의 수저를 물고 태어난 사람들을 위축시켰고, 자신의 위치를 규정짓는 수저 계급 자체가 하나의 콤플렉스로 작용했다.

　도대체 이 수저론이 언제, 어디서, 누구로부터 시작되었는지는 알 수 없지만, 결과적으로 우리 사회에 나쁜 영향을 미쳤다는 것은 분명한 사실이다. 하지만 우리는 사람을 흙수저와 금수저로 나누기 이전에 누구도 예외 없이 우리 자신이 시(時)수저를 물고 태어난 존재라는 점을 잊어서는 안 된다.

　시(時)수저라는 개념은 간단하다. 우리가 잘 알고 있는 서양 속담에 '시간은 금이다.' 또는 '시간은 돈이다.'라는 말이 있는데 시간은

금이나 돈과 같다는 뜻으로 해석할 수 있다. 즉 시(時)수저는 금수저와 돈수저를 포함한 것이다. 우리는 태어날 때부터 이미 시간을 가지고 있으니 금수저와 돈수저를 가지고 있는 것이다. 옛말에도 자기 먹을 양식은 다 가지고 태어난다고 하지 않았던가. 그래서 경제적 이유로 자살하려고 하는 사람은 자신이 가지고 태어난 시(時)수저(**금수저와 시수저**)를 그냥 차버리는 것과 같다.

이처럼 금수저보다도 더 귀한 존재인 우리는 단지 경제력 하나만으로 스스로를 낮은 사람으로 규정짓고, 이에 더해 극심한 사회 불만을 가지고 스스로 생을 마감하거나 분노 표출형 범죄를 일으키곤 한다. 세상에 생명만큼 귀한 것이 없다지만, 없이 태어났다는 이유로 스스로를 낮추면서 부모, 더 나아가 우리 조상들이 나에게 준 시(時)수저를 저버리는 어리석은 행동을 일삼는다.

경제적인 문제가 있다면 스스로 극복하는 길도 있다. 사업이 망했다고 해서, 투자를 해서 목돈을 다 까먹었다고 죽는 것만큼 어리석은 일이 없다. 우리 사회는 실패한 사람들을 위해 재도약의 발판을 마련하게 해주는 파산 선고 등의 회생 절차 제도가 있다. 물론 현재 우리 사회의 회생 절차가 실패한 사람들에게 큰 희망을 안겨주지는 못한다. 여러 가지 이유로 실패를 했을 때 개인을 보호해 주는 데 더 적극적으로 나서야 한다. 국민들의 의식도 많이 변해야 한다. 실패하는 사람에 대해 너그럽고 관대한 마음을 가질 필요도 있다. 실패는 나뿐만 아니라 누구에게나 닥칠 수 있는 일이다.

'실패를 기회로 삼아야 한다.'라는 말도 있다. 지금까지 실패한 사람들이 자살을 많이 하는 이유 중 하나가 주위 사람들의 비난과 따가운 눈총을 외면하기 어려워 세상을 등지는 것이다. 심지어 자식까지도 설움 당할까 봐 함께 죽는 안타까운 일이 종종 발생한다. 자식은 자신보다 더 많은 시(時)수저를 가지고 있는데도 말이다.

'실패는 성공의 어머니다.'라는 말이 있듯이 실패를 통하여 성공을 할 수 있고 실패한 사람을 대하는 의식도 개혁되어야 급격히 늘어나는 자살률을 줄일 수 있다. 그에 앞서 국가는 실패한 사람을 빚의 수렁에서 적극 구제해 주는 행정을 펼쳐야 한다. 일단 파산이나 개인회생 등을 접수하면 관련 비용은 국가나 지자체에서 지원하는 것도 검토해야 한다. 빚 독촉에서 벗어나도록 법적 보호 장치를 하고 생계유지에 필요한 지원도 하고 취업도 알선하여 자살이라는 최악을 방지하여 국가적 손실을 막아야 한다. 빚 탕감 비율을 높이고 빚을 갚는 기간도 크게 늘려줘야 한다. 또 경제적으로 재기할 수 있는 교육 훈련과 행정 지원도 뒷받침되어야 실패한 사람들에게 작은 희망이 될 수 있을 것이다.

우리에게 파나소닉으로 널리 알려진 마쓰시타 전기산업 창업자이자 일본에서는 경영의 신(神)이라고 불리는 마쓰시타 고노스케는 자신은 하늘로부터 세 가지 은혜를 받았다고 말했다.

그는 "가난한 것, 허약한 것, 그리고 못 배운 것이 바로 세 가지 은혜다. 가난했기에 평생 부지런히 일했고, 허약했기에 틈틈이 건강을 돌봐 90세가 넘도록 살고 있고, 못 배웠기에 늘 무언가를 배우려고 노력했다."라고 말했다. 우리 시대의 청년들이 고노스케가 말한 세

가지 복을 보면 '흙수저'라고 말할 수 있을 테지만, 고노스케는 이를 복으로 여겼다.

　갈수록 경제력으로 사람을 평가하고 나누는 사회적 풍토 속에 나 스스로가 먼저 마쓰시타 고노스케의 마음가짐을 더욱 새길 필요가 있을듯하다. 우리는 금수저나 흙수저이기 이전에 시(時)수저를 물고 태어난 존귀한 존재다. 단지 실패했다는 이유 하나만으로, 경제적 형편이 좋지 않아 희망이 없다고 해서 죽는 것은 자신이 물고 태어난 고귀하고 소중한 시(時)수저를 저버리는 행위다. 더 나아가 자신의 비극을 어린 자녀들과 함께하는 짓은 그들이 가지고 있는 금과 돈보다 귀한 시간을 강제로 앗아버리는 일이기에 운명처럼 우리에게 주어진 '시(時)수저'를 함부로 놓아버려서는 안 될 것이다.

자유국가연합 창설

오늘날 중국의 정세를 살펴보면 부지런히 칼을 갈고 있고, 칼날의 끝은 일본을 향하고 있다. 대만과 한반도를 거쳐, 일본으로 향한 칼날을 무디게 하고 부러뜨리기 위한 막중한 임무를 해야 할 공동 안보협의체 구성이 그 어느 때보다 절실한 때다.

현재 세계의 국제 질서를 유지하는 대표적인국제기구로 유엔안전보장이사회(유엔 안보리, United Nations Security Council)가 있다. 안보리는 국제 평화와 안전을 유지하기 위해 필요한 행동을 취할 책임과 권한을 가지는 국제연합(UN)의 핵심기관으로 1945년에 설립되었고, 안보리의 강제조치 결정은 법적 구속력을 지닐 정도로 강력한 힘을 지닌 기구다. 유엔 안보리는 5개 상임이사국(**미국 · 중국 · 러시아 · 영국 · 프랑스**)과 10개의 비상임이사국으로 구성돼 있는데, 상임이사국은 이 5개국이 임기 제한 없이 1945년부터 지위를 유지하고 있다.

그런데 과연 유엔 안보리가 국제 질서 유지와 세계 평화를 위해 그 역할을 제대로 할 수 있는가에 대한 의문이 지속해서 제기되고 있다. 즉 유엔 안보리의 무용론이 부상한 것이다. 안보리 상임이사국 당사자인 러시아의 우크라이나 침공, 북한의 핵미사일 도발 속 격화된 신냉전 구도, 미중 전략적 갈등 부상 등 최근의 몇몇 사례만 봐도 유엔 안보리가 정상적인 작동을 하지 못하고 있다는 것을 알 수 있다.

이렇게 유엔 안보리의 무용론이 제기되는 데에는 비정상적인 의사결정구조를 가장 큰 원인으로 꼽을 수 있다. 영구 이사국인 상임이사국은 유엔총회에 우선해 국제 평화와 안전 유지를 위한 1차적 책임을 지는데, 이들의 제왕적 권한인 '거부권'이 개혁의 발목을 잡는 주요인이 되고 있다.

안보리 안건이 통과되려면 5개 상임이사국을 포함한 전체 이사국 15개국 중 9개국의 찬성이 필요한데, 상임이사국 중 한 나라만 반대해도 안건은 부결된다. 이런 제도의 맹점을 활용해 중국과 러시아가 거부권을 휘두르며 번번이 안보리를 무력화시키고 있는 것이다. 2022년 이후 안보리가 채택에 실패한 결의안과 성명 사례만 해도 북한의 장거리탄도미사일(ICBM) 발사 규탄 결의안(3회), 러시아의 우크라이나 침공 관련 규탄 결의안(2회) 등 7회에 이른다.

안보리의 한계에 대해 공통적인 인식을 가진 국가들을 중심으로 거부권 폐지, 상임이사국 및 비상임이사국 수·임기 확대 등이 거론되고 있지만, 회원국들의 지정학적 이해관계가 교차해 절충점을 찾기 쉽지 않아 보인다.

이처럼 갈수록 무력화되고 존재감이 사라지는 유엔 안보리를 대신해 자유국가연합이라는 국제기구를 대안으로 생각해 볼 수 있다. 지금도 NATO 등 자유 우방국들의 기구가 있지만, 이들 기구는 지역별로 산재되어 있어 전 세계적 문제를 다루기에는 한계가 있다. 그래서 중국과 러시아 등 공산주의 국가를 제외한 자유국가들이 전체 참가하여 자유국가연합체를 만들면, 공동으로 국제 문제를 해결하는 데에 더 큰 힘을 발휘할 수 있을 것이라 생각된다.

현재 러시아와 중국 등 공산권 세력들은 유럽과 아프리카 지역으로 그 영향력을 지속해서 확대해 나가고 있다. 이들의 세력 확장을 막고 국제 질서 확립과 평화를 위해서는 자유국가연합이 반드시 필요하다. 안보리가 5개의 상임이사국이라면 자유국가연합의 상임이사국은 기존 자유진영 미국, 영국, 프랑스에다 대륙별 거점 국가로 1개국씩, 즉 아시아는 인도, 남아메리카는 브라질, 아프리카는 남아프리카공화국을 추가하고 자유국가연합 본부는 민주주의와 공산주의가 첨예하게 대립하고 있는 자유대한민국에 설치해서 상임이사국 지위를 부여하여 모두 7개국의 상임이사국으로 구성해야 한다. 거부권 없이 다수결로 의사결정을 내리는 구조로 강제력을 갖게 한다면 현재 유엔 안보리의 문제점으로 지적되고 있는 제왕적 거부권 행사 문제도 해결될 것이며, 나아가 자유 우방국의 단합으로 중국과 러시아 등의 팽창을 저지해 평화적인 국제 질서를 유지하는 데 일조할 수 있을 것이다. 지금까지 미국이 전 세계에서 막강한 영향력으로 국제 질서 유지를 했지만, 동키호테가 미국 형세를 살펴보니 국운이 정점을 서서히 지나고 있어 북한, 중국과 마주하고 있는 한국은 반드시 대비책을 마련해야 안심할 수 있다.

우크라이나와 전쟁 중인 러시아도 한국에는 중대한 영향을 끼칠 수 있는 한반도 주요 4개국인데, 전후 복구도 중요하지만 우리 안보의 직접 당사국인 만큼 조화 있는 외교 대응이 선행되어야 한다. 대한민국 국위를 선양한 반기문 전 유엔 사무총장은 합당한 예우를 해야 하기에 현 정부에서는 늦었지만 지금이라도 한반도에 중대한 영향을 끼치고 있는 미국, 일본, 중국, 러시아 4개국 친선 특별명예대사로 반기문 총장을 임명하여 한반도 안정과 자유국가연합 창설을 주도할 수 있도록 했으면 한다.

많은 국방안보 전문가들이 현재 북한은 전투기나 잠수함, 함선 등이 오래되고 사용가치가 거의 없다며 전쟁할 수준이 안 된다고 하는데 실제 전쟁이 벌어지면 무슨 일이 일어날까? 중국과 북한은 상호방위조약으로 북한이 공격을 당하면 중국이 자동으로 개입하여 전쟁이 일어날 수밖에 없다. 북한의 현재 전력이 어떻게 되는 것과는 상관없이 중국이 뒤에 있고 중국을 상대로 전쟁을 해야 하는 상황이다. 러시아도 북한 편에서 무조건적으로 식량과 병참 및 전투지원을 할 것으로 예상되는 상황이기에 전쟁의 결과, 중국이 결국 한반도 최종지배자가 될 것이다.

미국이 가장 중요하고, 중국도 매우 중요하고 러시아도 척을 지면 절대 안 되고 일본도 중요하다. 그 전이라도 한국, 일본, 대만, 베트남, 필리핀, 그리고 인도 등 중국과 맞대고 있는 국가가 서로 상호방

위조약을 체결하여 공동으로 대응할 수 있도록 해야 한다. 인도를 포함해야 할 이유는 호랑이가 겁내는 동물은 코끼리뿐이기 때문이다.

  2차 대전 후에는 미국과 소련을 중심으로 국제 질서가 양분되었는데, 중국이 등소평의 개혁개방정책으로 현재까지 비약적인 발전을 거듭해 정치, 경제, 외교 등 다방면으로 러시아를 대신하고 있다. 즉 미국과 중국으로 세계가 동서로 양분하여 재편되어 대결 중이다. 그러나 향후에 미국과 인도가 중심이 되어, 자유국가연합체로 재편되면 우리의 안보가 확실히 보장될 수 있을 것이다.

부록

중국인의
삶을 통해 본
중국의 저력

중국은 이미 세계 2위의 경제·군사 강국으로 자리 잡았다. 한때 서방 국가들은 중국의 급성장을 경계했지만 이젠, 중국이 글로벌 경제 질서 속에서 중심적 역할을 한다는 사실을 부인할 수 없게 되었다. 중국의 경제적 위상과 군사적 잠재력은 단순히 숫자를 넘어, 동아시아와 세계의 질서 자체를 뒤흔들 만큼 막강하다. 중국의 힘이 커질수록 그들과 이웃하고 있는 우리나라 역시 그 영향을 피할 수 없게 되었다.

중국이 얼마나 강력한 국가인지는 역사가 증명하고 있다. 병자호란과 정묘호란 같은 과거의 역사적 비극은 중국의 패권 변화에 제대로 대응하지 못한 탓이었다. 시대가 달라졌다고 해도 역사의 교훈은 분명하다. 강력한 이웃 국가인 중국을 제대로 이해하지 못하면, 과거와 비슷한 실수를 반복할 수밖에 없다. 이제 우리는 과거의 역사적 경험을 바탕으로 중국이라는 거대한 존재를 철저히 알고 대비해야 한다.

이번 파트에서는 중국을 깊이 이해하기 위한 첫걸음으로 중국인의 삶, 생각, 문화에 대한 다양한 이야기를 소개한다. 중국 사람들의 일상적인 생활상과 그들의 사고방식, 풍속과 문화를 생생히 접하다 보면, 우리가 몰랐던 진짜 중국의 모습을 발견할 수 있을 것이다. 중국과 함께 공존해야 하는 시대에, 피상적인 지식이 아닌 실제 중국인의 모습을 통해 그들을 이해할 수 있는 명확한 창을 제공하고자 한다.

인연이냐 악연이냐

라량이 16살 나던 해 어머니는 병으로 세상을 떴다. 집에는 그와 고독한 아버지만 남게 되었다. 라량은 아버지를 더 잘 돌봐드리고 더 많이 동무해 주기 위해 베이징대학에 갈 기회도 마다하고 본시의 대학교에 들어갔다.

대학 2학년 때 라량은 문학을 즐기는 소녀 동매를 알게 되었다. 수줍고 청초한 동매의 모습은 대번에 라량의 마음을 사로잡았다. 라량의 21살 생일날 동매는 연붉은 색깔의 옥으로 된 장식물을 주었다. 라량은 그것이 항상 동매의 목에 걸려 있던 귀중한 물건임을 알아보고 몹시 감격하였다. 얼마 후 그들은 뜨거운 사랑에 빠져들었다.

어느 날 라량의 아버지는 아들의 목에 걸려 있는 옥 장신구가 아주 눈에 익은 것임을 발견하고 가슴이 꿈틀댔다. 아니, 저것이 어떻게 우리 아들의 목에 걸려 있을까?

"얘야, 넌 왜 아버지의 장신구를 목에 걸고 다니느냐?"

"아버지 것이라고요? 아니에요. 이건 동매가 저한테 준 생일선물인데요."

가슴이 덜컥해진 라홍재는 황망히 아들의 몸에서 그것을 벗겨내어 찬찬히 들여다보았다. 그런 후 아무 말도 없이 깊은 생각에 빠져 들었다.

"아버지, 아버지에게도 이와 똑같은 것이 있어요?"

"그래, 이것과 아주 비슷해."

라홍재는 얼버무리며 황망히 자기 침실로 들어갔다.

"아니, 절대 그럴 수가 없어."

라량은 석고상처럼 앉아 있는 아버지의 입에서 이런 외침이 흘러나오는 것을 똑똑히 들을 수 있었다. 주말이 되자 라홍재는 아들더러 동매를 집에 초대하라고 했다. 동매가 오자 라홍재는 동매 어머니의 이름이 진분방이 맞는지 물었다.

"맞아요. 그런데 아저씨께서 어떻게 우리 어머니의 이름을 아세요?"

"20여 년 전 내가 너의 고향에 지식 청년으로 내려간 적 있었단다."

"어머나, 그럼 우린 절반 고향 사람인 셈이군요."

"그래. 오랫동안 가보지 못했는데 어머니는 잘 있니?"

"네, 이전보다 아주 좋아졌어요."

라홍재는 더는 입을 열지 않고 깊은 침묵 속에 잠겼다. 그의 기억은 어느새 저 멀리 20년 전으로 거슬러 올라갔다.

진령산 깊은 곳에 자리 잡은 살구꽃마을에 지식 청년으로 내려간 라홍재는 대뜸 마을 처녀들에게 선망의 대상이 되었다. 그는 그녀들과 잘 어울려 다녔지만, 그녀들 중 어느 처녀를 아내로 맞아 이 산골에서 살 생각은 전혀 없었다. 그에게는 이미 몸과 마음을 다 바쳐 자기를 기다리는 도시 처녀가 있기 때문이었다. 그러나 젊음의 혈기로 충만했던 그는 얼마 못 가 그만 일생에 씻지 못할 한을 남겨두고 말았다.

어느 어스름한 저녁, 목재를 메고 산에서 내려오던 라홍재는 멀지 않은 곳에 오미자가 주렁주렁 달린 것을 보고 나무를 내려놓고 몇 발짝 앞으로 걸었다. 순간 그는 앗! 할 사이도 없이 거꾸로 매달렸다. 사냥꾼이 파놓은 함정에 빠진 것이다. 발목의 쇠사슬은 점점 옥죄어 들며 살을 파고들었고 잠깐 새에 뜨거운 피가 배어 나왔다.

"사람 살리시오!"

그는 죽을힘을 다해 소리쳤다. 하늘이 도왔는지 그때 한 마을 처녀 진분방이 한창 거기서 멀지 않은 곳에서 죽순을 캐고 있다가 그 소리를 듣고 황급히 달려왔다. 그녀는 젖 먹던 힘을 다 내어 그를 구해냈고 약초를 캐다 피 흐르는 상처에 붙였다.

상처는 거의 아물어 갔고 그들의 감정도 날로 깊어졌다. 처음에는 감지덕지한 마음으로 그녀를 가까이하던 라홍재는 어느 달 밝은 밤 솟구치는 정감과 충동을 못 이겨 끝내 일을 저지르고 말았다. 두 달이 지나도 달거리가 오지 않자 진분방은 어찌할 바를 몰라 울기만 하였다. 예상치도 못했던 일이라 그도 당황하긴 마찬가지였다. 그는 이제 며칠 후 시내에 올라가 검사해 보고 애를 지우자며 그녀를 안정시켰다.

그런데 누가 알았으랴. 뜻밖에 날아온 한 통의 전보가 그에게 한

평생 지울 수 없는 회한을 남겨줄 줄이야. 도시에 있는 미혼처(약혼자)에게서 이미 임신 넉 달이 되니 빨리 돌아와서 결혼하자는 독촉 전보가 왔다. 떠나던 날 분방은 옥으로 만든 장신구를 그의 손에 쥐여 주며 말했다.

"이 한 쌍의 옥은 우리 어머니가 저에게 남긴 것인데 당신한테 한 짝을 드려요. 저는 당신이 빨리 돌아오기만을 기다리겠어요."

그러나 시내에 돌아온 그는 미혼 처의 불같은 독촉에 못 이겨 급급히 결혼식을 치르고 도시에 눌러앉고 말았다.

라홍재는 눈앞의 두 젊은 남녀를 보며 너무나 명백한 현실에 몸서리를 쳤다. 하지만 그는 차마 입을 열어 그 진상을 밝힐 수가 없었다. 아버지의 존엄을 위하여 그는 뒤에서 남몰래 아들을 위해 다른 여자친구를 물색했다. 마침 한 동료에게 신문학부에서 공부하는 딸이 있었다. 그날 동료는 딸애를 데리고 라량네 집으로 놀러 왔다. 두 대학생은 만나자마자 공통된 화제를 찾아 이야기꽃을 피웠다. 저녁 식사가 끝나고 손님들이 돌아가자, 라홍재는 아들에게 물었다.

"얘, 그 애가 어떻더냐?"

"좋더군요."

"그럼 그 애와 사귀는 것이 어때? 여자친구로 말이야."

"그건 안 돼요. 저에겐 이미 동매가 있어요."

"얘, 동매는 농촌에서 온 애야. 게다가 사범 학부여서 졸업 후 제 고향으로 돌아가야 한단다."

아버지가 이렇게 나올 줄은 생각지도 못한 라량은 성을 버럭 냈다.

"감정상의 문제는 아버지가 생각한 것처럼 그렇지 않아요. 저는 동매를 사랑해요. 동매도 저를 사랑하고요!"

그해 겨울방학이 거의 될 무렵 라홍재는 20여 년 동안 가보지 못했던 시골로 내려갔다. 그가 진분방의 눈앞에 나타났을 때 그녀는 도저히 믿을 수가 없었다.

"홍재 동무!"

20여 년간 지녀왔던 원망과 그리움은 그 한마디 부름과 함께 봄눈 녹듯 사라졌다. 그녀는 마을 사람들이 보는 앞이란 것도 의식 못 한 채 홍재의 품에 뛰어들며 눈물을 쏟았다. 분방의 남편은 라홍재를 알고 있었다. 그도 한마을 사람이었다.

"홍재, 동매는 자네의 딸이네. 우린 그 앨 대학에 보냈네…."

"그때 저인 절 사랑했어요. 당신이 간 뒤 소식은 없고, 저의 배가 하루하루 불러가기 시작하자 저이는 제가 마을 사람들의 입에 오르내리지 않게 하려고 저와 결혼했어요. 아기는 낳아서 곱게 키우다가 당신이 언제 오면 돌려주자고 했어요. 벌써 20여 년이 지났어요. 당신은 끝내 돌아왔구면요…."

분방은 울며 지난 일들을 띄엄띄엄 털어놓았다. 홍재는 참회와 죄책감으로 눈물을 흘리며 양해를 구했다. 그러면서 라량과 동매의 이야기를 들려주었다.

겨울방학이 되어 동매가 집에 돌아오자, 분방은 딸에게 일침을 놓았다.

"라량의 아버지가 왔다 갔다. 그는 네가 라량과 관계를 끊길 바랐다. 라량에겐 따르는 도시 처녀애가 있다더라. 라량의 앞으로의 발전을 위해서 네가 물러서기를 바라더라."

그 말에 동매는 억울했다. 그토록 자애롭게 보이던 아저씨가 그런 사람일 줄이야. 그러나 그녀는 라량의 사랑을 굳게 믿고 있었다.

"흥! 누구도 우리들을 갈라놓지 못해요!"

딸애의 고집에 분방은 그저 눈물만 흘릴 뿐 차마 그 연유를 말할 수가 없었다.

라량과 동매의 사랑은 방해가 클수록 더욱 열렬해졌다. 동매는 때로 라량의 집에도 놀러 갔다. 그때마다 라홍재는 그 애를 본 척도 하지 않았다. 라량은 그런 아버지에게 빌고 싶지 않아 동매와 둘이서 무역공사며 여행사며 사방으로 일자리를 구하러 뛰어다녔다. 마침내 어느 한 수출입공사에서 동매와 계약을 체결하였다. 라량은 출판사의 편집부로 들어갔다. 물론 아버지가 뒤에서 배치한 것이었다. 라량과 동매는 기쁨에 겨워 행복한 미래를 꿈꾸었다.

어느 날 라량이 동매를 데리고 집에 오니 아버지는 없고 쪽지만 남아 있었다. 울금향(튤립) 전람을 보러 공원에 간다는 것이었다. 라량과 동매는 한참 웃고 떠들며 이야기꽃을 피우다가 지친 듯 서로 몸을 기대고 사랑의 애무를 시작했다. 라량은 동매를 끌어안고 뜨거운 키스를 퍼부으며 침대 곁으로 다가갔다. 바로 그때 문이 벌컥 열리며 라홍재가 집에 들어섰다. 눈앞의 광경에 성이 난 라홍재는 부리나케 아들의 뺨을 때리고는 몸을 돌려 동매에게도 한 대를 올렸다. 그는 동매를 향해 호랑이같이 울부짖었다.

"당장 내 눈앞에서 꺼져버려!"

불의의 습격에 동매는 울음보를 터뜨리며 집을 뛰쳐나갔다. 라량은 다급히 뒤쫓아 나갔다.

"이놈아, 거기 서라! 오늘 내 너에게 할 말이 있다."

성난 사자처럼 부르짖는 아버지의 외침에 라량은 그만 그 자리에 못 박힌 듯 굳어져 버렸다. 일이 이 지경까지 이르고 나니 라홍재는 더는 아들을 속일 수 없었다. 이제 와서 체면이며 존엄이며 따질 형편이 못 되었다. 그는 좀 전과는 달리 고개를 푹 떨구고 얼굴을 붉히며 떠듬떠듬 동매 어머니와 자기 사이의 옛일을 아들에게 들려주었다. 라량은 물먹은 흙담처럼 그 자리에 무너지며 절망에 차 부르짖었다.

"아버진 왜 인제야 그 일을 말해주어요? 왜 좀 더 일찍 말해주지 못했어요?"

이튿날 라량은 열 집의 약방을 돌며 수면제를 10알씩 샀다. 그날 저녁 라량은 아버지에게 유서를 썼다.

"아버지, 저에게는 아버지의 감정을 책망할 권리가 없어요. 그건 아버지의 은사이기 때문이에요. 하지만 아버진 처음부터 모든 걸 다 알고 있으면서도 나와 동매에게 사연을 알려주지 않았어요. 당신은 그저 다른 여자애를 나에게 붙여주고 또 동매네 집에 가서 동매 어머니의 힘을 빌려 우리 사이를 갈라놓으려 했을 뿐 당신의 존엄과 순결을 지키기 위해 진실을 속여왔어요. 아버지는 우리 시절을 겪어왔으니 젊음의 충동이란 어떤 건지 잘 아시겠지요. 그런데도 당신은 우리에게 진실을 터놓지 않았어요. 나와 동매는 이미 석 달 전부터 동거했어요. 이 얼마나 잔혹한 현실인가요. 아버지, 저는 이 모든 현실을 받아들일 수가 없어요…."

라량은 유서를 다 쓰고 나서 창턱에 오랫동안 마주 서 있었다. 그 무엇도 그의 결심을 바꿀 수 없었다. 그는 단숨에 수면제 100알을 삼켰다.

하지만 라량은 죽지 않았다. 라량의 병상 앞에서 동매는 고통과 괴로움으로 가슴을 찢으며 울고 울었다.

"라량 씨, 우리 부모님 세대에서 빚어진 비극이 오늘까지 이렇게 긴 세월이 흘렀고, 또 우린 원래 아주 멀리 떨어져 있었는데 지금 이렇게 한자리에 모이게 된 것은 운명이에요. 하늘이 우리에게 내린 징벌이에요. 우린 이를 악물고 살아야 해요. 지나간 꿈은 일장악몽이라 여기고 이제부터 새롭게 시작하지요…."

어제의 연인이었던 그들은 운명의 장난으로 오누이가 되었다. 라홍재는 종일 자기 침실에 들어박혀 우울한 나날만 보냈다. 그 뒷모습은 그렇게도 애처롭고 처연해 보였다. 동매는 눈물을 머금고 조용히 그의 침실에 들어섰다.

"아버지!"

순간 라홍재는 자책과 후회, 감격으로 엉킨 감정이 홍수처럼 터져나오며 눈물이 비 오듯 흘러내렸다.

이 며칠 사이 라홍재는 아들을 위해 수많은 가설을 머릿속에 떠올리며 윤리의 음영에서 아들을 해탈시키려고 무진 애를 썼다. 만일 라량이 내 혈육이 아니라면? 그는 애초 아내가 급급히 결혼에 골인하던 사실을 떠올리며 허탈 상태에 빠지기도 했다. 하지만 그 가설이 성립된다면? 라량과 동매의 진정한 결합을 위해서라면 그는 자기가 여태껏 다른 이와 간통한 아내와 살았대도 관계없이 그 가설이 성립되기를 백번 더 원했다.

그는 라량의 혈액형이 AB형인 것을 알았다. 자기의 혈액형은 A형이니깐 만일 아내의 혈액형이 B형이라면 그의 엉뚱한 가설은 성립되지 않는다. 그는 8년 전 아내가 산부인과 검사를 다니던 병원을 찾아가 옛날의 검사 결과를 찾아냈다. 맙소사, 천만뜻밖에도 아내는 A형이었다. 그의 마음은 칼로 갈기갈기 도려내는 듯 아팠지만 얼굴에는 회심의 미소가 어렸다.

라홍재가 또 다른 진실을 라량과 동매에게 알렸을 때 그들은 또 다른 충격에 그만 멍해지고 말았다.

"아버지, 절대 그럴 수 없는 일이에요. 병원에서 잘못한 거예요!"

"얘들아, 너희들은 나를 안위해 주느라 하지 말아. 우리는 과학을 믿어야지 않겠니. 이런 결과는 너희들에게 있어선 아주 관대한 것이야. 너희들만 행복하다면 그건 곧 나의 최대 안위인 거다…."

그들은 마구 부둥켜안고 하나가 되어 울고 또 울었다. 어제를 씻어버리고 내일을 새롭게 맞이하려고….

아버지와 딸

장춘시에서 용정 시골에 지식 청년으로 내려온 신철은 그 마을의 예쁜 처녀 미옥이를 사랑했다. 미옥이도 쾌활하고 남자다운 신철을 사랑했다. 사랑했던 청춘남녀는 얼마지 않아 결혼했고 딸 신미를 보았다. 서로를 깊이깊이 사랑했던 그들은 각자의 이름 첫 글자를 따서 딸애의 이름을 지었다.

개혁개방이 시작되자 신철은 심수로 떠났다. 한번 자기 능력을 시험해 보고 싶었다. 신철을 무작정 믿어주고 신철의 뜻을 따라주는 미옥은 신철의 선택을 두말없이 지지해 주었다. 신철의 재간이 뛰어난 때문인지 아니면 미옥의 믿음이 성공을 불러왔는지 신철은 5년 사이에 자그마한 자기 회사를 갖게 되었다. 신철은 기뻤고 미옥이도 기뻤다. 그런데 어느 날 미옥이가 갑작스레 이혼을 제기할 줄이야.

"이유가 뭐요?"

"당신이 싫어졌기 때문이에요."

"다른 남자가 있는 게 아니오?"

"좋도록 생각하세요. 신미는 당신이 가지세요. 재산도 싫어요. 집도 싫고요. 그저 제 옷만 가지고 이 집을 나가겠어요. 신미를 잘 키워주세요."

신철이가 아무리 꿇어앉아 빌어도 신미가 어머니 목에 매달리며 그렇게 애달프게 울어도 미옥은 한번 먹은 마음을 굽히지 않았다. 결국 신철이와 미옥은 이혼하고 말았다.

신철이와 신미는 미옥이가 자기들을 배반하고 버렸다고 믿었다. 신철이는 미옥이가 자기 곁을 떠나갔다는 것이 암만해도 믿어지지 않았다. 그 어느 날 미옥이가 문득 찾아올 것만 같았다. 그래서 그는 미옥이가 있었을 때의 집 꾸밈새를 조금도 고치지 않고 고스란히 그대로 두고 있었다. 신미는 어머니가 한없이 미웠고 아버지가 못 견디게 불쌍했다. 어머니 없는 신미를 신철이는 더 끔찍이 사랑했다.

1년 후 어느 날 신미는 거리에서 우연히 어머니를 보았다. 그사이 어머니의 머리는 새하얗게 세어 있었다. 파파노인처럼 돼버린 어머니를 보는 순간 1년 동안 내내 키워온 미움은 가뭇없이 사라지고 말할 수 없는 연민의 정이 신미의 가슴을 못 견디게 했다. 어머니는 신미를 발견하지 못하고 있었다. 신미는 가만히 어머니 뒤를 밟았다. 어머니는 병원으로 들어갔다. 어머니가 진찰실에서 나오기를 기다려 신미는 진찰실로 들어갔다.

"안녕하세요. 말씀 좀 물읍시다. 금방 나간 환자가 무슨 병에 걸렸어요?"

"환자와 어떻게 되는 사이인데?"

"딸이에요."

"그 환자는 백혈병이오. 이제 걸린 지 1년 반이나 되는데 집에서 모르고 있었소?"

순간 신미의 머리는 몽둥이에 얻어맞은 듯 멍했다.

'어머니가 백혈병에 걸린 지 1년 반이니, 그럼 이혼하기 전에 걸린 거란 말인가, 어머닌 아버지와 나 때문에 이혼한 거구나. 아니, 어머닌 백혈병이 아닐 거야. 아니야.'

신미는 어떻게 아버지 회사로 찾아갔는지 몰랐다.

딸한테서 자초지종을 듣고 난 신철은 자기의 머리를 잡아 뜯었다.

'나처럼 못난 남편도 있을까, 아내가 병에 걸린 것도 모르고 있었다니. 미옥은 나를 위해 이혼한 거였구나!' 하며 자책했다.

신철이와 신미는 그길로 미옥을 찾아갔다.

"어머니, 왜 여태껏 우릴 속였어요, 네? 말해봐요."

신미는 어머니 품에 와락 안기며 목 놓아 울었다.

"여보, 당신한텐 미안하오."

신철이가 미옥 앞에 무릎을 꿇었다.

"그런 말씀 마세요. 저 스스로 선택한 길이니깐요. 제 병 치료를 하게 되면 당신은 파산될 거예요. 가망도 없는 병 치료에 가산을 탕진할 게 있어요. 그러면 당신과 신미는 어떻게 살겠어요?"

"아니, 난 당신이 없으면 안 되오. 신미한테도 당신이 있어야 하오."

"여보. 고마워요. 제 병은 제가 알아요. 이젠 전 고향 용정에 돌아가겠어요. 고향에 돌아가 묻히고 싶어요."

"제발 돌아가지 마오. 우리 한번 병을 치료해 보기로 해요. 꼭 치료할 수 있을 거요. 천진 혈액 중심병원에 가서 치료하면 나을 수 있을 거요."

"당신도 참 쓸데없는 돈을 쓰려고 하는군요."

"어쨌든 당신은 돌아가선 안 되오. 절대 보내지 않을 거요."

그날부터 신철이는 미옥의 병 치료를 위해 좋다는 약을 다 구해왔고 용하다는 의사는 다 찾아갔다. 천진 혈액 중심병원에도 찾아갔지만, 의사들은 너무 늦었다며 머리를 흔들었다. 그래도 신철은 희망을 버리지 않고 뛰어다녔다.

회사 일은 아예 돌보지 않았다. 미옥은 사흘에 한 번씩 피를 수혈해야 했다. 점차 집 재산은 거덜이 났고 회사도 파산되어 갔다. 그런데도 미옥의 병은 낫기는커녕 위중해지기만 했다. 결국 그녀는 파산에 직면한 남편과 귀여운 딸을 남겨두고 영영 눈을 감았다. 백혈병에 걸린 지 꼭 4년 만이었다.

신철에게는 집 한 채밖에 남지 않았다. 미옥의 체취가 남아 있는 집이었다. 신철은 어떠한 일이 있어도 그 집만은 팔 수 없었다. 신철은 빈집에 우두커니 앉아 미옥을 그렸다.

'미옥이, 어쩌면 그렇게 무정하게 날 혼자 두고 갈 수 있소. 죽어도 같이 죽고 살아도 같이 살자고 맹세하지 않았소. 당신 참 신용 없는 여자야. 약속을 어기다니. 신미가 불쌍하지 않소? 미옥이, 미옥이도

고독하오? 난 정말 고독하오. 미옥이가 그립소. 당신도 내가 그립소? 제발 돌아와 주오….'

어머니를 잃은 신미는 자신이 한없이 불쌍하게 여겨졌다.

'어머니, 무정한 어머니, 어쩌면 아버지와 나를 두고 그렇게 가실 수 있어요? 이 딸이 미워서인가요? 보고 싶은 어머니, 불쌍한 어머니.'

신미는 흐느끼며 하염없이 어머니를 그렸다. 하지만 어머니 사진을 앞에 놓고 우두커니 앉아 있는 아버지, 식사도 하지 않고 종일 그리움과 슬픔에 젖어 있는 아버지를 보자 자기보다 아버지가 더 불쌍하단 생각을 했다. 어떻게 하면 아버지를 슬픔에서 해방되게 할 수 있을까. 이대로 놔두면 아버지마저 잃을 것 같았다. 어머니를 잃어 이미 한쪽 날개가 부러진 신미는 아버지마저 잃을 수 없었다. 그녀는 드디어 아버지를 구할 생각을 했다.

신미는 그길로 홍철이를 찾아갔다. 심수에서 내로라하는 부잣집 도련님인 홍철이는 신미를 죽자 살자 따르고 있었다.

"이봐요, 홍철 씨, 우리 결혼해요."

그 말에 홍철이는 눈이 휘둥그레져서 자기 귀를 의심했다. 여태껏 그렇듯 사랑 공세를 들이대도 들은 척 않던 신미가 제 발로 찾아오다니.

"정말이요? 신미, 거짓말은 아니겠지?"

"정말이에요."

"와, 만세! 신미 만세!"

홍철이는 너무 좋아 신미를 안고 빙 돌렸다.

"그런데 조건이 있어요."

"뭔데?"

"우리 아버지 회사를 살려주세요."

그 말에 홍철이 얼굴은 굳어졌다. 한동안 머리를 숙이고 말이 없던 홍철이는 드디어 머리를 들었다.

"그러지."

"약속해요."

"그래, 약속하겠소."

집에 돌아온 신미는 아버지보고 결혼하겠다고 했다.

"넌 아직 어리다. 20살밖에 안 되는데 벌써 결혼하려느냐? 그래 그 총각이 누구지?"

"홍철 씨예요."

"너 진짜 사랑하는 거냐?"

아버지가 조심스레 묻자, 신미는 해죽 웃으며 머리를 끄덕였다.

결혼 후 홍철이는 약속대로 신철의 파산된 회사를 다시 살려냈다. 신철은 사위가 신미를 너무 사랑한 까닭에 장인의 일도 제 일처럼 생각해 준다고 믿었다. 그런데 우연히 신미의 일기책을 보게 된 신철은 모든 것을 깨달았다.

'내가 정말 효성스러운 딸인가? 아버지를 위해 맘 없는 결혼을 한 나는 지금까지 아버지 앞에서 행복한 척 꾸민다. 아무것도 모르시는 아버지는 내 행복을 진심으로 기뻐하신다. 아버지를 속이는 딸을 효성스럽다고 할 수 있을까. 하지만 나는 아버지 앞에서 사실의 진상을 말할 수 없다. 그러면 아버지가 얼마나 실망하고 불안해하실까.

아버지께서 성내실 거야. 딸의 행복과 바꾼 회사를 내놓으시려 할 거다. 강직한 아버지는 꼭 그러실 거다. 그러면 구천에 계신 어머니가 얼마나 근심하실까….'

신미의 일기를 읽은 신철은 모든 것을 알게 되었다. 정말 딸한테 미안했고 사위 보기가 부끄러웠다. 이런 것도 모르고 결혼한 사위가 불쌍했다. 신미의 처사가 너무나 가슴을 후벼 팠다. 어쩌면 자기 행복을 아버지를 위해 이렇게 희생한단 말인가. 조숙한 딸이 이럴 때는 오히려 얄미웠다. 되려 철딱서니 없이 놀았으면 더 마음 편할 것 같았다.

'신미야, 불쌍한 내 딸아, 네 처사가 아버지 마음을 얼마나 아프게 한다는 걸 넌 모르느냐? 딸의 행복이자 아버지의 행복이란 것을 정말 모른단 말인가. 구천에 간 미옥이가 알면 얼마나 나를 나무랄까.'

신철은 통곡했다. 무능한 자신을 저주하며 통곡했다. 조숙한 딸이 불쌍해서 통곡했다. 딸에게 속임 당한 사위가 가엾어 통곡했다. 자신을 버리고 간 아내가 야속해서 통곡했다.

그러던 며칠 후 홍철이가 신철이를 찾아왔다.

"아버님, 전 신미와 이혼하렵니다."

"자네 보기 미안하네. 내 이날이 있을 줄 알았지. 갠 나 때문에 자네를 속이고 결혼했네. 욕하려면 날 욕하게나."

"아버님, 신미는 속이지 않았어요. 그녀는 결혼할 때 이미 말했습니다. 제가 알면서도 결혼한 건 그녀를 너무너무 사랑했기 때문입니다. 결혼한 후 사랑해 주면 신미의 사랑을 얻을 수 있으리라 생각했습니다. 하지만 오산이었습니다. 지금도 전 신미를 사랑합니다. 하지만 그녀가 고통스러워하는 것을 보고 전 갈라서기로 마음먹었습니다. 사랑하는 여자에게 행복을 주지 못하고 오히려 고통을 줄 바엔 일찌감치 자유를 주는 게 낫지요."

"그 앤 철딱서니 없어 그러네."

"아닙니다. 그녀는 사랑하지 않기 때문에 그런 겁니다. 신미를 욕하지 마십시오. 모든 것은 제가 원해서 한 것이니깐요."

그들의 일을 안 홍철의 집에서는 신철의 회사를 망하게 하겠다고 펄펄 뛰었다. 그런 것을 홍철이가 나서서 말렸다. 아버지를 위해 신미는 여자한테서 제일 고귀한 정조를 바쳤는데 그 이상 우리가 그녀한테 무엇을 요구할 수 있겠느냐고 말하자 홍철이네 식구들은 모두 입을 다물었다.

이혼한 홍철이와 신미는 마지막으로 다방에 마주 앉았다.

"홍철 씨, 감사해요. 그리고 미안해요. 영원히 당신을 잊지 않을 거예요."

"그런 말 마오. 신미를 아내로 맞았던 그 순간이 있었다는 것만으로도 나는 기쁘오. 이 3년 동안 신미는 아내로서 의무를 다했소. 고맙소. 신미가 행복하길 바라오."

홍철이는 신미의 손을 꼭 쥐었다. 홍철에게 손을 맡긴 신미는 흐느꼈다.

"홍철 씨, 미안해요. 미안해요…. 흑흑."

홍철이 아무리 말려도 신철은 고집스레 회사를 처분했다. 그 돈으로 홍철이 대신 물어준 빚을 그대로 갚았다.

아버지와 딸은 행복과 슬픔을 준 도시 심수를 떠나 새로운 생활을 개척하기로 했다. 신미는 해외 유학의 길을 택했고 신철은 동북아에 가서 무역업을 하기로 했다.

아버지와 딸 앞에 또 어떤 운명이 기다리고 있을까?

애달픈 이별

　그녀가 출국한 지도 어언 5년이 다 되어간다. 세월의 흐름에 따라 그에 대한 사랑도 잊어야겠으나 어쩐지 마음속의 상처는 의연히 나를 괴롭히고 있다. 이 괴로움은 아마 평생 나를 따라다닐 것이다.
　요즈음 나는 인생에 점점 권태를 느끼고 있다. 권태를 달래는 명약은 술이다. 술로 육체를 마비시키면 권태도 괴로움도 잊게 된다. 나약했기에 나는 사랑하는 여인과 영영 애달픈 이별을 하고야 말았다. 밖에서는 늦가을 찬비가 주룩주룩 내린다. 나는 저녁마다 습관적으로 홀로 서재에 앉아 그녀의 일기책을 읽고 또 읽으며 무료한 시간을 보내기가 일쑤였다. 오늘도 그 일기책을 손에 들고 있노라니 생각은 어느덧 머나먼 중학 시절로 날아간다.

　무엇이 고민이고 무엇이 사랑인지 모르고 지내던 행복했던 그 시절, 우리는 여자 셋, 남자 셋으로 이루어진 학습 소그룹을 맺고 눈만

뜨면 그림자처럼 붙어 다녔다. 우리 여섯 가운데는 활발한 여학급장 순희와 사나이다운 남수, 무던한 옥자와 창범, 성격이 내성적인 정금이와 내가 있었는데 서로 성격과 애호, 취미를 이해했던 까닭에 잘도 어울리는 소그룹 단짝이었다.

졸업을 앞둔 무렵 내 마음속에는 차츰 이상한 감정이 싹트고 있었다. 웬일인지 정금이가 하루만 등교하지 않아도 마음이 몹시 서운하고 허전해졌다. 이것이 사랑일까? 사랑을 몽롱하게나마 의식하고 있던 그 시절, 나는 도대체 내 마음이 사랑인지 아닌지를 알 수 없었다. 갸름한 얼굴에 유달리 까만 눈, 오뚝한 코, 선명한 입은 어딘가 강한 인상을 주고 있지만 웃을 때마다 파이는 볼우물(보조개)은 수줍은 인상을 주기도 했다. 웬만해서는 자기 의사를 표시하지 않는 그를 두고 남자들은 가시 돋친 장미라 불렀고 여자들은 너무 차가운 애라 불렀다. 학급에서 아무런 활약도 없이 지내는 내가 이런 장미를 사랑하고 있다니 참 나로서도 놀라울 일이었다.

졸업이 하루하루 다가오자 나는 조급한 마음을 달랠 길 없어 기회를 타 비스듬히 그의 마음을 떠보았다.

"정금아, 이제 우리는 갈라지게 되겠지. 만약 농촌이라도 함께 갈 수만 있다면…."

"호호…. 그러면 재미있겠어. 일해도 싫은 줄 모르고…."

난 며칠 밤을 뒤척이며 그 말뜻을 풀려 애썼으나 아무런 답안도 얻지 못한 채 졸업 바람에 실려 농촌으로 하향했다. 남수, 옥자도 나와 함께 하향 지식 청년으로 내려갔고 순희와 창범이는 노동자로, 정금이는 위생학교에 추천받았다. 8년이란 고생스러운 농촌 생활 속에서도 나는 정금이만은 내내 잊지 못하고 있었다.

그것은 한 중학생 남자애의 짓궂은 첫사랑이었기 때문이겠지만, 8년 만에 겨우 도시로 올라온 나는 꽤 지난 후에야 정금이의 주소를 알게 되었고 그때까지 그녀가 독신으로 있다는 소식도 듣게 되었다. 그 소식이 꿈만 같이 느껴졌다. 나는 한없이 기쁘고 격동됐다. 한 가닥의 희망이 보이는 것 같았다. 하지만 정작 그녀를 찾아 떠나자니 망설임과 열등감으로 걸음을 주춤했다. 혹시 그녀한테서 완곡하게 거절이라도 당하면 얼마나 난처할까? 주제넘은 생각이라고 비웃지나 않겠는지?

결단성이 없는 나는 이렇게 거의 1년간 혼자서 속만 태우며 결단을 내리지 못했다. 그럴수록 그녀에 대한 절절한 사랑에 미칠 것만 같아 드디어 큰맘 먹고 그녀를 찾아 떠났다.

십몇 년 만에 처음으로 만나는 상봉이어서 그런지 그녀의 기숙사 문을 두드리는 순간 가슴이 세차게 방망이질하면서 몇십 번이고 외우고 연습했던 인사말도 잊어버린 채 그만 지나던 걸음에 잠깐 들렀다고 엉뚱한 말을 하고 말았다. 그것도 그럴 것이 중학 시절의 그녀가 아니었으니 말이다. 하얀 위생복에 보랏빛 두건을 쓴 그녀는 더없이 예쁘고 매력적이었다. 내 마음은 대뜸 긴장해 버렸다. 결국 나는 사랑한다는 말도 입 밖에 꺼내지 못한 채 풀이 죽어 돌아왔다.

서른이 곧인지라 집에서는 결혼하라는 독촉이 성화같았다. 나는 끝내 한 낯선 여인과 사랑 없는 상견례까지 하고 결혼 날짜도 정했다. 이럴수록 자꾸만 허전해지는 마음을 진정할 수 없었다. 암만해도 내 귀로 그녀의 속마음을 듣지 않고서는 들뜬 마음을 가라앉힐 수 없어 나는 두 번째로 그녀를 찾아 떠났다.

내가 두 번째로 그녀 앞에 나타났을 때 그녀는 몹시 반가워했다. 그런데 그녀의 얼굴이 새빨개지는 건 무슨 까닭일까? 첫 상봉에서는 내가 몸 둘 바를 몰라 쩔쩔맸다면 이번에는 그녀가 허둥대며 말에 두서가 없었다. 그녀의 행동들을 유심히 관찰하며 난 불쑥 입을 열었다.

"정금이, 다음 일요일에 난 결혼합니다. 정금이가 참석해 주면 고맙겠소."

순간 그녀의 얼굴이 창백해졌다.

"오, 그래요. 그럼 축하해야겠군요."

그녀의 목소리는 떨렸다.

"앉으세요. 내 잠시 나갔다 올게요."

그녀는 머리도 들지 않은 채 부리나케 밖으로 나가버렸다.

"혹시 정금이가…."

뭔가 가슴에 맞혀왔다. 한참 만에 그녀는 술과 안줏감을 한 그릇 사 들고 들어오더니 말없이 점심상을 차렸다. 우리는 처음으로 밥상을 마주하고 조용히 앉게 되었다.

"정금이, 왜 아직도 결혼하지 않고 있소?"

"광성 동무, 동무의 결혼을 축하하는 잔을 들어요."

우리는 잔을 들었다. 침묵 속에서 한 병 술이 동이 났다. 그녀는 다시 두 번째 병마개를 뽑았다.

"정금이, 그만 마시고 그사이 이야기나 들어봅시다."

나는 술병을 빼앗았다.

"이리 줘요. 오늘 같은 기회가 이제 다시 있겠나요. 자, 실컷 마셔요. 인생도 알고 보면 잠깐인걸요…."

어색한 분위기 속에서 나는 주인이 따라주는 술을 마실 수밖에 없었다. 문득 술을 따르는 그녀의 손이 가늘게 떨리더니 눈에 눈물이 가득 고였다.

"정금이, 왜 그래?"

"아, 아무 일도 아니…."

마침내 그녀의 눈에서 눈물이 줄 끊어진 구슬처럼 흘러내렸다. 그녀는 몸을 휘청거렸다. 그러는 그녀를 나는 꼭 끌어안았다. 한참 지나 그녀는 눈물을 거두었다.

"정금이, 결심하고 찾아온 내가 아무 말이나 한다고 나무라지 말아주오. 학교 시절부터 지금까지 난 한 여인만을 사랑해 왔고 앞으로도 난 그 여인만을 사랑하며 살아갈 거요. 그 사랑이 짝사랑이라 할지라도 나는 영원히 그 사랑을 가슴속에 간직하고 일생을 보낼 거요. 지위의 높고 낮은 차이로 하여 난 여태껏 주저하면서 사랑한다는 말을 감히 입 밖에 내지 못한 채 일생을 인연 없는 한 여인에게 맡겨버렸소. 나에겐 희망도 삶의 가치도 없어졌소. 오늘 정금이의 마음속 말을 들을 수만 있어도 난 원을 풀겠소."

처음으로 그녀 앞에서 장황하게 말을 늘어놓은 나는 숨을 죽이고 그녀의 대답을 기다렸다.

갑자기 그녀는 머리를 뒤로 젖히고 미친 듯이 웃어댔다. 웃음 속에 울음이 섞여 있었고 나중에는 어깨를 들먹이며 흐느끼고 있었다.

대답 대신 긴 한숨을 짓던 그녀는 도리어 입을 꼭 다물어 버렸다.

"왜 대답이 없소."

"나를 사랑했다니 고마워요. 이젠 벗으로 사귀면 되잖아요."

결국 두 번째 상봉에서도 그녀의 속심을 듣지 못한 채 돌아오고 말았다. 하지만 속에 짚이는 데가 있었던 나는 뼈아픈 후회를 하면서 부모 앞에서 결혼하지 않겠다고 딱 잡아뗐다. 무슨 속셈인지 몰라 입을 딱 벌리는 부모들보다도 난처한 것은 약혼녀의 태도였다.

"황 동무, 상견례를 하면 잔치한 거나 다름없어요. 동무가 기어이 그만둘 심산이면 나에게 한번 면사포 쓸 기회만 준다면 전 죽어도 원이 없겠어요…."

너무도 굳건한 태도에 나도 말문이 막혔다.

어느 날 문득 순희한테서 전화가 왔다.

"광성 동무지요? 정금이가 국적까지 떼서 출국한대요. 우리 만류도 해볼 겸 가보지 않겠나요?"

너무도 뜻밖의 소식에 나는 아연실색해졌다. 결혼까지 포기하고 그녀를 기다리는데 떠나가다니. 우리 다섯은 지체 없이 그녀를 찾아 화룡으로 떠났다.

"작년까지만 해도 오빠를 따라서 온 집 식구가 외국으로 떠날 때 정금이는 끝내 말을 듣지 않고 연변에 남았는데 지금 갑자기 떠나다니 참 모를 일이야…."

옥자가 말했다. 난 체면을 돌볼 새 없이 동창들 앞에서 맘속 비밀을 몽땅 털어놓음으로써 그들의 지지와 도움을 간절히 바랐다.

"이야 참, 드문 일인데. 서로 간에 사랑하면서 왜 십몇 년을 비밀로 지켜왔니? 자식, 사내자식이 그렇게 담이 작아서야 원…."

남수가 나를 나무랐다. 병원 기숙사 문 앞에 이르자 나는 거의 뛰는듯한 걸음으로 그녀의 방으로 들어섰다. 학창 시절의 정든 벗들을 바라보는 정금의 두 눈에는 눈물이 가득 고였다. 우리는 다짜고짜 그녀를 빙 둘러쌌다.

"정금아, 왜 우리를 버리고 가버리겠단 말이냐?"

순희가 나무랐다. 나는 안타까워 눈물이 가득 고인 눈을 문지를 생각도 하지 않고 그녀 앞에 다가섰다.

"그리 꼭 가야만 하오?"

"수속을 벌써 끝마쳤어요. 이제 이틀이면 떠나게 돼요…."

그녀는 순희를 끌어안고 어깨를 들먹였다.

"정금아, 넌 우리 가운데 누구를 사랑하고 있었지?"

옥자가 물었다.

우리 다섯은 숨을 죽이고 있었다. 다소곳이 머리를 숙이고 있던 그녀는 결심한 듯 머리를 번쩍 들었다.

"아니야. 난 누구도 사랑한 적 없어."

핏기 한 점 없는 그 얼굴은 너무도 냉혹했다. 만류할 수 없는 운명의 장난이었다. 너무도 늦었다. 누구를 탓해야 할지? 무거운 침묵 속에 눈치 빠른 순희가 화제를 돌렸다.

"할 수 없구나. 그럼 마지막으로 모여 즐겁게 노는 것이 어떻니?"

그길로 우리는 그를 끌고 연길로 내려왔다. 우리는 이틀을 내리

극장으로 공원으로 모교로 다니면서 많은 기념사진을 찍으며 아름다운 추억을 남겼다. 사진을 찍을 때마다 동창들은 나를 헤아려 꼭 정금이 옆에 세워주었다. 그러는 그들이 가슴이 뭉클하도록 고마웠다. 그들은 나와 정금에게 점심을 맡기고는 기념품 사러 백화점으로 떠났다. 나는 물에 빠진 사람이 지푸라기라도 잡으려는 식으로 마지막 기회라도 놓치고 싶지 않았다.

"정금이, 나를 떠나지 말아주오. 난 그녀와 결혼하지 않기로 했소. 우리 지금이라도 결혼하기요. 대답해 주오. 떠나지 않겠다고…."

거의 실성에 가깝게 들떠 있는 나를 한참 동안 지켜보던 그녀는 가슴 아프게 고개를 가로저었다. 난 목이 꺽 메면서 온몸을 부르르 떨었다. 미칠 것만 같았다. 난생처음 난 그녀 앞에서 눈물을 뚝뚝 떨구며 사정했다.

"나를 생각해서라도 가지 말아주오."

난 그녀의 두 손을 와락 거머쥐었다.

"웬일이세요. 이러지 말아요…."

정금이의 두 눈에서도 줄 끊어진 구슬처럼 눈물이 줄줄 흘러내렸다.

"광성 동무, 저를 잊어주세요. 우린 전생에 인연이 없었던 모양이에요."

오, 괘씸한 여인, 이처럼 차지고 독한 여인이 또 있을까? 나는 그만 절망 속에 빠지고 말았다. 이별의 시각이 드디어 오고야 말았다. 우리 여섯은 눈물을 흘리며 마지막 인사를 나누었다. 사랑하는 여인을 영영 잃어야 하는 슬픔에 나는 그 많은 사람 앞에서 와락 정금이를 껴안았다.

"정금이, 사내답지 못한 이 동창을 용서하오. 우리가 이렇게 갈라져야 하지만 난 일생을 두고 정금이를 잊지 않을 거요."

"감사해요. 광성 동무, 저도 동무를 영원히 잊지 못할 거예요. 받아요. 내 일기책이에요. 그걸 보노라면 내 마음을 알 수 있을 거예요."

손수건에 정갈히 싼 일기책이었다.

기차가 경적을 길게 울리더니 서서히 움직이기 시작했다. 사랑하는 여인과 애달픈 이별에 나는 속으로 후회의 피눈물을 흘리고 있었다….

나는 일기책을 펼쳐 들었다. 일기책 갈피마다 그녀의 진실한 마음이 쓰여 있었다. 사랑의 고민과 원망, 끝없는 기다림과 희망, 그녀의 심정을 그대로 읽을 수 있었다. 제일 뒷장에는 이런 글이 적혀 있었다.

'사랑하는 광성 동무, 이미 중학교에 다닐 때 전 여자의 민감성으로 동무가 나를 사랑하고 있다는 것을 발견하게 되었어요. 나도 동무를 사랑했어요. 그 사랑을 14년간이나 고이 간직해 두었지만 나약한 동무의 성격으로 인해 결국에는 실현될 수 없는 사랑으로 마침표를 찍어야 했어요. 나 자신도 여성인 만큼 다른 한 여인의 고통 위에 나의 행복을 쌓고 싶지 않아요. 그 여인을 위해서라도 저를 잊어주세요….'

나는 이때처럼 나약한 자신을 미워한 적이 없었다. 결국 나약함이 내 평생의 행복을 망쳐놓았다.

어머니 무엇을 원하십니까?

나의 일터는 광산 기업이었기에 딸애는 광산자제(子弟)학교에서 공부했다. 학교와 우리 집은 꽤 멀었다. 딸애가 저녁 자습을 마치고 돌아올 때면 나는 늘 걱정이 되었다. 학교에서 집으로 오는 길에 석탄재가 가득 깔린 그 행인 드문 길은 가로등도 없는 데다가 나무까지 길 양옆에 서 있어 밤이면 다니기가 무서운 곳이었다. 내가 딸애를 마중 나가려 하면 그 애는 질색했다.

"엄마, 이것 좀 봐요, 누가 더 크나? 소리를 질러도 내 목소리가 더 크고 나쁜 놈에게 쫓긴다 해도 내가 더 빨리 도망가고 때리기를 해도 내가 힘이 더 세겠지요?"

나도 그렇다고 수긍할 수밖에 없었다.

때론 내가 밤교대 하고 돌아오다가 우연히 그 어두운 길에서 딸애를 만난다. 호리호리한 키에 무거운 가방을 메고 걸을 때면 뒤로 약간씩 젖혀지곤 하는 딸애의 뒷모습을 어둠 속에서 알아보고 나는 소리 없이 그 애의 뒤를 따라 집까지 온다. 그렇다고 나는 그 애한테 한 번도 말한 적 없다.

그것은 지난해 3월에 있던 일이다. 개학한 지 얼마 안 되었는데 저녁 자습을 보낸 딸애가 돌아오지 않았다. 바람이 억세게 불며 한기를 몰아왔다. 나는 그 애가 감기라도 걸릴까 봐 털실옷을 찾아 들고 기다리는데 9시 반이 넘어도 그 애가 돌아오지 않았다. 나는 갑자기 마음이 불안해지며 1분도 더 기다릴 수가 없었다. 사실 그 애가 평시에 10분씩 늦어 올 때도 있었지만 그날 저녁 나의 마음은 특별했다. 나는 안절부절못했다. 딸애가 뭐라 하거나 말거나 나는 털실옷을 들고 집을 나섰다.

자전거를 타고 금방 그 어둠길에 들어서자 멀리서 웬 사람들이 움직이고 있었다. 어두워서 옷 모양이나 얼굴은 알아볼 수 없었지만 그중 공격받고 있는 것이 내 딸임을 직감적으로 느꼈다.

정신없이 페달을 돌리며 가까이 가보니 딸애의 자전거는 한쪽에 넘어져 있고 그 앤 이를 악물고 무거운 책가방을 휘두르며 자기에게 다가서는 세 젊은이를 막고 있었다. 나는 자전거에서 잽싸게 내려 물불을 가리지 않고 그중 한 놈에게로 돌진해 들어갔다. 그자가 넘어지자, 이번엔 나머지 두 놈에게로 자전거를 밀고 들어갔다. 내가 너무도 이악스레 달려드니 그자들은 놀라서 뿔뿔이 흩어져 달아났다.

집으로 돌아오는 길에 딸애는 한마디밖에 하지 않았다.

"엄마, 나 엄마가 그렇게 용감할 줄 몰랐어요."

딸애의 그 말에 나는 눈시울이 뜨거워졌다. 그렇다. 만약 내가 공격을 받았더라면 난 그저 당하고 말았을 것이다. 하지만 그들은 내 딸을 업신여기려 들었다! 나의 용기는 핍박에서 나온 것이었다.

점심 식사 때에야 우리는 비로소 어젯밤에 일어났던 일을 이야기했다. 뒤늦게야 놀라고 가슴이 뛰며 몸서리를 쳤다. 딸애도 정신적 자극이 적지 않았지만, 그 애는 자기를 억제할 줄 알았다.
"엄마, 우리 반의 류이가 강간당했어요."
이것이 그 애가 한 첫 마디였다.

그 일은 나도 알고 있었다. 류이의 부모들은 나와 한 단위(직장)에 있었는데 류이가 사고가 난 후 부모들은 머리를 들지 못하고 다녔다. 사람마다 뒤에서 수군거렸다. 좋은 말을 하는 사람이 적고 나쁜 말을 하는 사람이 많았다. 어쩌다 동정의 말을 해도 경멸의 정서가 다분했다.
"그 여자애가 그렇게 요란스레 치장하고 다니는 게 무슨 좋은 일이 있으려고, 금귀걸이에 손톱을 빨갛게 물들이고 다니더니, 돈 많은 게 탈이지, 다 그 여자애가 자초한 거야…."
들리는 말에 따르면 류이는 문밖에도 나오려 하지 않고 아주 히스테리적이란다. 그 일이 난 후 한 달이 넘었는데도 범인은 잡지 못했고 그 애만 세 번이나 자살을 시도했으니까. 나는 딸애가 와서 갑자기 그 말을 왜 꺼냈는지 알 수가 없었다. 갑자기 한기가 등허리를 스치며 무서운 생각이 들었다. 바로 그 세 젊은이가 그런 나쁜 일을 했단 말인가?

"그저께 류이가 학교에 왔어요. 그 앤 그사이 몹시 여위었어요. 눈 주변은 아직도 시퍼렇게 멍들어 있었어요. 그 앤 아주 떳떳한 체하며 교실로 들어왔어요. 의연히 금귀걸이를 걸고 말이에요. 교실 안은 물 뿌린 듯 조용해졌어요. 그때 난 숙제를 거두고 있었는데 소옥이라고 부르는 남학생이 그 얇은 입술을 나불거리며 '헌 계집!' 하고 말하는 게 아니겠어요. 비록 목소리는 낮았지만 우리 반 학생들이 다 들었지요. 류이는 그만 얼굴을 가리고 울면서 교실을 뛰쳐나갔어요."

나는 이 일이 어제저녁 사건과 어떤 관계가 있는지 몰라 딸애의 얼굴을 뚫어지게 지켜보았다. 딸애는 나에게 말할 것인가 말하지 말 것인가 유예하다가 나를 흘깃 건너보고는 말했다.

"난 숙제 책들을 한쪽에 밀어 놓고 그자의 뺨을 부리나케 후려갈겼어요. 난 여태껏 사람을 때려본 적 없었어요. 하지만 그날은 너무도 제대로 때렸지요. 우리 반 학생들은 모두 깜짝 놀랐어요."

나도 그 말에 깜짝 놀랐다. 언제나 얌전하던 딸애가 사람을 때리다니? 그것도 그 애가 류이를 곱게 보지도 않으면서 그를 위해 무슨 역성이람? 한 식경이 지나서야 나는 알았다.

"그럼, 그 젊은 세 놈들은 소옥이가 복수하려 보낸 것이겠구나!"

딸애는 고개를 끄덕였다.

"그자들은 내가 놀라서 비명을 지르고 정신분열증이라도 걸렸으면 했지요. 하지만 나도 그자들에게 맛을 보여줄 셈이에요. 어째서 모욕당한 사람이 더구나 수치를 당해야 하나요. 사실 내가 소옥을 때렸지만 우리 반 학생들은 대뜸 소옥이를 보았지, 나를 쳐다보지 않았어요. 마치 그가 머리에 똥물을 뒤집어쓴 듯이 그때 그의 감각은 숱한 벌한테 등허리를 쏘이는 듯했을 거예요. 그 자식이 류이를 욕할 때도 숱한 눈길이 모두 류이한테 쏠려 류이는 견딜 수가 없던 거지요. 한 여자애가 강간당했는데 모든 여론과 눈길은 강간당한 여자한테만 집중되고 왜 강간범한테는 집중되지 않을까요? 나는 숱한 잡지나 글에서 강간에 대한 것을 쓴 걸 보았는데 문장의 주인공마다 모두 모욕당한 여성이었어요. 어째서 청천백일하에 낱낱이 폭로당해야 할 강간범들의 비열한 영혼에 대해서는 그저 지나치고 마는가요? 치욕은 그자들의 것이지요. 그자들이야말로 인간 자격을 스스로 잃어버린 자들이지요. 강간당한 여자들이 무슨 죄가 있어요."

나는 아이와 이런 문제를 논하고 싶지는 않았다. 현존하는 부권 사회에서 남성들의 가치관은 바로 이 사회의 준칙이다. 성관계는 원래 평등한 것이나 남성들의 가치관에 의해 왜곡되어 불평등하게 되었다. 나는 남편과 이혼할 때의 그 모습을 영원히 잊을 수 없다. 그때 남편은 아주 득의양양해서 마치 남자가 이혼하는 것은 아무런 손해도 없지만 여자로선 치명적인 손상이라는 것을 나타내려고 분명히 애썼다.

나는 또 류이 부모들을 생각했다. 그들은 단위에 나와 류이가 세 차례나 자살하려고 했다고 이야기했는데, 꼭 마치 그 가련한 어투로 남들의 동정과 양해를 구하려는 것 같았고 딸애의 이런 태도가 마치 부모들의 깎인 낯을 찾아줄 수 있는듯했다. 하지만 그들이 금방 말하고 돌아서자, 뒤에서 비웃음 소리가 들려왔다.

"자살? 죽을 것 같으면 얼른 그날 밤에 죽어야지, 지금까지 기다렸다 죽는가? 누구에게 보이려고…."

이때 딸애가 말했다.

"엄마, 만약 내가 이런 일에 부딪혔다면 엄만 내가 강간당할 걸 바라세요? 아니면 자살할 걸 바라세요?"

나는 지금까지 딸애한테 나와 애 아버지가 왜 이혼했는지 말한 적 없다. 그 애도 나한테 그런 걸 물어본 적 없었다. 그러나 난 그것이 우리 모녀에게 목에 걸린 가시처럼 늘 아프게 우리 사이를 찌른다는 것을 알고 있다. 딸애의 사상이 이만큼 성숙한 것을 보고 나는 어머니로서 그 애의 그런 난감한 물음에 대답을 줄 수가 없었다. 그래서 나는 그 애한테 나와 애 아버지의 이야기를 하기로 했다.

그와 내가 갈라지게 된 것은 남편이 나에게 제삼자가 있다고 의심해서였다. 그의 증언은 마지막까지 "꼭 제삼자가 있을 것이다."였다.

그것은 우리가 결혼해서 10년이 되던 해다. 그때 나는 아직 젊었고 사업에 대한 열성도 아주 높았다. 공장에서는 나에게 중요한 연구과제를 맡겼는데 우리 연구 소조의 조장은 나보다 4살 이상인 남자였다. 재질이 뛰어난 훌륭한 남자였다. 그의 아내는 공장병원의 주치의였다. 그들은 전 공장에서 공인하는 가장 행복한 부부였다. 우리의 이 연구과제는 전에도 두 소조의 인력을 배치하여 연구하게 했었는데 모두가 끝을 못 보고 말았다. 우리의 노력으로 연구에 진전이 보여 기뻐하고 있을 때 난데없이 나와 조장 사이에 애매한 소문이 파다해졌다. 조장은 사람이 정직하고 바른 사람이었다. 그래서 나는 그를 의식적으로 회피했다. 그런데 그때부터 남편이 나를 의심하기 시작했다. 나는 한편으로 사업을 계속하면서도 한편으로는 남편을 심도 있게 설득하고 설명했다. 하지만 나의 연약함은 내가 이런 거짓 소문에 재기지 못하게 하였다.

실험 결과가 나오던 그날 저녁, 나는 실험실에서 밤교대 업무를 하였다. 종일 아무것도 먹지 못한 나는 혼미해서 쓰러졌다. 조장이 정신을 잃은 나를 안고 병원으로 달려갔다. 이 일은 나와 조장과 의사인 그의 아내만이 알고 또 아무런 의심도 없었다. 우리의 마음은 서로 결백함을 알고도 남았다. 이튿날, 연구과제의 성공과 함께 우리에 대한 소문은 완전히 커져버렸다. 즉 누구도 내가 정말 병이 났다고 믿지 않았다. 다만 밤 11시에 어떤 사람이 내가 조장에게 안겨 연구실 문을 나가더라고 말한 그 한마디만 믿었다. 나는 병력 카드를 들고 다니며 설명할 수는 없었다. 하지만 남편 앞에서는 한 번, 두 번, 세 번 설명하고 또 설명했다. 마지막 우리가 이혼할 때까지 설명했다.

여기까지 말하자 딸애의 얼굴이 새빨갛게 붉어지며 꽉 깨문 입에서 한참이 지나서야 말이 새어 나왔다.

"엄마, 왜 그런 사람들에게 설명해요? 그들에게 무슨 권리가 있어서 엄마가 그렇게 설명할 걸 요구하는가 말이에요. 엄마도 정말…."

그 애는 마지막 말을 하지 않았지만 연약하다고 하려고 했다는 것을 나는 알 수가 있었다. 이뿐만 아니라 그 애가 왜 늘 나에게 경멸의 눈치를 보내는지에 대한 원인을 알았다. 그 애가 왜 오늘 이런 문제를 제기했을까? 그것은 그 애가 제기한 문제의 핵심은 여성의 존엄에 관한 것이란 걸 나에게 알려주기 위한 것이었다.

왜 우리는 항상 자기를 약자의 위치에 놓고 생각하는가? 사람이란 스스로 자기를 업신여기면 남들도 따라 업신여긴다. 딸애가 선택하라는 것은 만약 상해를 받았다면 어떤 행위가 더 용감하고 더 건강한 것인가를 나더러 선택하란 것이었고, 그 애가 제기한 문제는 남성 세계의 도덕관념에 대비해서 자기의 행위로서 연약함을 거절하겠다는 시도였다.

딸애의 안색에서 나는 그 애가 꼭 나의 대답을 기다리고 있다는 것을 느꼈다.

"너도 알다시피 사회는 너의 엄마와 같은 이런 의심에 대해서도 그토록 각박한데 어떻게 강간당한 한 소녀에 대해 너그럽게 대하라는 사치한 바람을 기대할 수 있니? 비록 그것이 그 애의 잘못이 아니지만 말이다."

나는 그 애한테 30년대 절세가인 원령옥이 생전에 뭇사람들의 비방과 조소로 죽음을 택했다는 이야기며, 그녀가 죽은 후엔 또 그녀의 결백함에 대해선 한쪽으로 밀어 놓고 그녀가 자신에 대해 책임지지 않고 죽은 그런 연약성에 대해 질책했다는 것을 이야기했다. 사회란 이런 것이라는 것, 나는 딸애의 얼굴을 바라보며 당시 내가 얼마나 기막힌 고뇌를 겪었는가를 말하면서 솔직히 말해서 난 네가 자살하길 바란다고 말하고 싶었다. 비록 어머니로서 이렇게 하고 나선 평생을 두고 가슴 아플 것이지만 말이다.

나는 류이가 이후에 살아갈 일들을 생각하면, 그 애가 받아야 할 사회압력, 그 애의 혼인, 그 애한테 씌워질 사회도덕의 질책을 생각하면 등허리에 찬 서리가 내리는 것 같다. 딸애는 나의 뜻을 알았는지 머리를 번쩍 들고 말했다.

"나를 위해서 난 후자를 선택할 거예요. 난 강간을 받아들이겠단 말이에요. 폭행이란 결국은 폭행자의 타락을 의미하지, 폭행당하는 자의 타락을 의미하는 게 아니잖아요? 폭행자가 모욕한 것은 그 자신의 인격이지 나의 인격이 아니잖아요? 만약 나에게 수치가 있다면 그것은 내가 순종만 하고 반항하지 않았을 경우지요. 하지만 반항은 했는데 반항에서 내가 실패했다면 그들은 무슨 권리로 꼭 내가 죽을 때까지 반항하라고 요구한단 말이에요. 내가 왜 꼭 그들의 짐승 같은 폭행에 내 목숨을 바쳐야 한단 말이에요. 왜 목숨을 남겼다가 그런 자들과 싸우지 못한단 말이에요?"

그날 딸애는 많은 것을 이야기했다. 모두가 그 애가 최근 몇 년 동안 혼자 사색하던 문제였다. 역시 우리와 같은 환경의 가정에서 커온 여자애였기에 이런 처지가 그 아이에게 사색하지 않을 수 없게 했다. 어머니로서 나는 그 애의 견해에 동의는 하지만 절대로 실행할 용기는 없다. 마지막으로 딸애는 아주 부드럽게 말했다.

"엄마. 과연 내가 강간당하는 걸 바라는지, 자살하길 바라는지 대답해 봐요."

그 애한테 과연 이 문제는 회피할 수 없는 문제인가 보다. 하지만 어머니로서 나는 그 해답을 사회에 바랄 수밖에 없다. 즉 이 문제를 두고 선택이란 받아들일 수 없는 것이 아닌가! 나는 사회에 질문한다. 왜 모욕당한 여자들에 대해 정의와 인도주의적 지지를 보내지 못할망정 그들에게 설상가상의 비극을 안겨주는가?

잘못 걸린 전화

그해 11월 3일은 일요일이었다. 나는 갓 발급한 보조금을 주머니에 간직하고 신바람이 나서 우전국(**우체국**)으로 뛰어갔다. 나의 심정은 한시바삐 수화기를 잡고 내가 '우수 병사'가 된 기쁜 소식을 어머니에게 전하지 못하는 것이 한스러울 지경이었다. 곧 나는 가장 **빠**른 속도로 260010을 눌렀다.

"여보세요!"

수화기 저쪽에서 다정한 중년 부인의 목소리가 전화선을 타고 내 귀에 전달되었다.

"어머니, 안녕하세요!"

나는 수화기에 대고 기쁨에 겨워 소리쳤다.

"펑아, 펑아…."

갑자기 나는 멍해졌다. 펑이는 누구이고 이 중년 부인은 누구인가? 내가 전화번호를 잘못 눌렀는가? 나는 일부러 말끝을 길게 늘어

놓았다.

"당신은….".

"평아, 어머니다! 왜 반년밖에 안 지났는데 벌써 어머니 목소리마저 잊었나? 평아, 여태껏 네 소식을 몰라 이 어머닌 애간장이 다 탈 뻔했단다….".

수화기에서 나지막한 흐느낌 소리가 울려 나왔다. 하지만 그 여인은 나에게 말을 붙여볼 틈도 주지 않고 횡설수설 그리움만 토해냈다.

"평아, 이 반년간 너는 몹시 바빴지? 저번 날 나는 병에 걸렸는데 종일 네 생각만 했단다. 아버지더러 네게 전보를 띄우라고 했더니 네 아버지 말이 네가 병원에 누워 있는 엄마를 보면 상심할 거라고 또 오느라면 사업에 영향이 있으니 병이 나을 때까지 참으라는 바람에 그만두었단다. 평아, 난 지금 병이 다 나아 퇴원했단다. 그러니 꼭 한번 왔다 가거라, 응? 어머니는 네가 보고 싶어 죽겠어….".

나는 몇 번 입을 벌렸다가 아무 말도 못 하고 말았다. 나는 이 어머니의 심정을 알고도 남았다. 그녀의 아들도 나처럼 군인이고 반년간이나 집에 소식을 전해주지 못한 것이었다. 나는 아들을 그리는 어머니의 심정을 생각하며 저도 모르게 다정한 목소리로 말했다.

"어머니, 지금 우리 부대는 긴장한 훈련단계에 들어갔어요. 이 고비가 지나가면 꼭 한번 집에 가보겠어요."

그녀는 기뻐서 어쩔 바를 몰라 하는 것 같았다.

나는 이 통화를 어떻게 끝내면 좋을지 몰랐다. 나는 겨우 "어머니, 안녕히 계셔요. 이후 달마다 어머니에게 전화를 드릴게요." 하고 한

마디 했을 뿐이다. 전화비를 물을 때 보니 내가 금방 통화한 전화번호는 290010이었다.

그 후 나는 매달 그 '어머니'에게 전화하는 걸 잊지 않았다. 차츰차츰 나는 그녀의 아들 이름이 평이며 집에 있을 때면 기타를 안고 노래를 부르는 걸 즐긴다는 것과 부대의 문예 골간(문화예술 인재)이라는 것들을 알게 되었다. 그런데 그 평이는 지금 어느 부대에 있을까? 왜 반년이나 집에 소식을 전하지 않았을까? 그 '집'은 또 어디에 있을까? 나의 머릿속에는 풀 수 없는 의문들이 가득 남아 있었다.
또 한 달이 지나갔다. 나는 약속한 대로 그 '집'에 전화를 걸었다.
"여보세요!"
난데없는 남성의 목소리가 들려왔다. 나는 말하기 거북하여 "저…. 한 가지 물어봅시다…." 하고 우물거렸다.
"여보세요, 당신은 누구십니까?"
수화기 저쪽에서 시끄럽다는 듯 소리 질렀다.
"미안합니다. 전화를 잘못 걸었는가 봅니다."
나는 그 소리에 위축되어 다급히 수화기를 놓으려 했다. 그때 수화기 저쪽에서 다급한 외침 소리가 울려 나왔다.
"가만, 당신은…."
보아하니 그 남성은 뭔가 짚이는 데가 있는지 목소리가 한결 부드러워졌다.
"미안합니다. 저는 평이의 아버집니다. 당신이 매달 평이 어머니에게 전화를 걸었습니까?"

"네, 당신들 가정엔 도대체 무슨 일이 생겼습니까? 평이는 지금 어디에 있습니까? 무엇 때문에 그는 집과 연락이 없습니까?"

나는 수많은 의문을 한꺼번에 터트려 놓았다.

원래 평이는 그들의 외자식이었는데 입대하여 두 달 만에 그의 어머니가 백혈병 말기 진단을 받았다고 한다. 그런데 화는 홀로 오지 않는다고 입대한 지 반년 만에 평이가 홍수막이 전투에서 그만 19살이란 어린 생명을 끝마치게 되었다.

"평이는 줄곧 아내의 정신적 기둥이었습니다. 조금이라도 더 살아서 한 번이라도 더 아들의 얼굴을 보기 위하여 아내는 병마와 완강히 싸웠습니다. 그런데 내가 어떻게 평이의 죽음을 알린단 말입니까…."

여기까지 말하고 굳세고 단단하던 부친은 울음에 잠기고 말았다.

"저, 어머니더러 전화를 받게 해주세요!"

어느새 나의 두 눈에서는 눈물이 샘솟듯 솟구쳤다.

"그 사람은 엊저녁에 병이 재발하여 병원에 실려 갔습니다. 혼수 상태에서 깨어나자 첫 마디가 나더러 빨리 집에 돌아가 아들의 전화를 기다리라는 것이었습니다…."

나는 너무나 큰 슬픔에 목이 꺽 막혔다. 한참 후에야 나는 울먹거리며 말했다.

"어머니께서 퇴원하면 제가 또다시 전화를 걸겠습니다."

어머니와 같은 여자를 기다리며

어릴 적 내가 품었던 많은 꿈은 세월의 흐름 속에 빛바래져 내 기억 속에서 사라져 갔지만 오직 한 가지만은 세월의 연륜과 더불어 나의 가슴속에 더욱 깊이 뿌리 박혔다. 생활 속의 일부 일들은 사람들의 머릿속에 깊이 박혀 때로는 한 사람에게 평생 줄곧 그 영향에서 벗어나지 못하게 할 수도 있는 것이다. 행복하거나 불행한 가정, 부족하거나 잘못된 혼인, 자애롭거나 난폭한 아버지, 부드럽거나 표독스러운 어머니 등등은 모두 우리의 인생에 깊은 영향을 준다.

해마다 설 명절날 부모님들은 귀가한 나에게 열정적으로 묻는 것을 잊지 않는다.

"얘, 대상자가 있느냐?"

그러면 나는 이렇게 대꾸했다.

"내가 기다리는 여자는 아직 안 나타났어요."

내가 제일 처음 '그 여자'란 말을 꺼냈을 때 어머니는 다급히 '그 여자'가 누구냐고 물었다. 나는 웃으며 어머니를 바라보았다.

"바로 어머니 같은 여자지요."

처음에는 모두 내가 농담한다고 생각했다. 하지만 내가 정색하며 나의 이유를 밝히자 그들은 나의 말을 정말로 믿어주었다.

"애야, 멍청이 짓 하지 말아. 이 어머니는 결코 훌륭한 사람이 못 돼."

"아니요, 어머니."

나는 내 의견을 꺾지 않았다. 내가 8살이 되던 해, 할머니는 나에게 아버지와 어머니가 결혼하던 이야기를 들려주었고 그때부터 나의 머릿속에는 장차 커서 꼭 어머니와 비슷한 여인을 아내로 맞겠다는 생각이 싹트기 시작했다. 그때부터 나는 집요하게 내 꿈을 지켰고 어머니와 비슷한 여인이 나타나기를 내심 기다려 왔다.

이야기는 실은 아주 간단한 것이었다. 우리 아버지는 당시 한 보통 상인의 아들이었고 어머니는 '운남염무도독'의 손녀였다. 아버지와 어머니는 9년간 동창생이었는데 그 후 어머니는 의학원에 불고 아버지는 가정 원인 때문에 대학에 진학하지 못하고 참군하였다. 부농 출신 때문에 중국인민해방군에는 입대하지 못하고 중국인민지원군에 입대하였다.

몇 년이 지나 어머니가 대학을 졸업했을 때 아버지는 쌍백이란 자그마한 현성에서 '우파'로 몰려 거리에 끌려다니며 비판 투쟁을 받고 있었다. 어머니는 얼마든지 학교에 남을 수 있었지만 결연히 아버지가 있는 자그마한 현성으로 왔다.

나를 진정으로 감동하게 한 것은 아래의 이야기였다. 아버지는 낮이면 목에 팻말을 걸고 거리에서 투쟁을 받았고 밤이면 어머니에게 끌려가 나의 외갓집에서 신랑의 역할을 했다는 것이다. 어머니는 결코 얼굴이 못생겨 시집 못 갈 처지가 아니었다. 당시의 어머니는 젊고 학력 있고 아름다웠단다. 오랜 세월이 흐른 뒤 내가 어머니에게 아버지한테 시집간 동기를 묻자, 어머니는 웃으며 말했다.

"아버지를 사랑하고 신임했기 때문에 그이에게 시집간 거란다."

"그렇지만 어머니, 그때 아버지의 처지는 형편없었잖아요?"

"네가 집요하게 한 사람을 사랑하게 되면 기타의 조건, 심지어 위험까지 망각하게 되는 법이란다."

결혼 후 어머니는 아버지를 따라 적지 않은 고생을 했다. 얼마 후 우파혐의를 벗었지만, 아버지는 줄곧 현위에서 한 보통 직원으로 있었고 어머니는 현 병원에서 외과 의사로 있었다. 당시 어머니의 일부 동창생들은 고급 의사가 되었지만, 어머니는 여전히 10여 년 전에 가진 의사직을 가지고 있을 뿐이었다.

그렇지만 지금까지 나는 어머니가 원망 한마디, 불평 한마디 입 밖에 내는 것을 보지 못했다. 아버지와 어머니는 단위(직장)에 나가서는 직책에 충실하고 훌륭한 사업자로, 집에 들어와서는 화목한 부부로 살아오셨다.

이야기는 이처럼 간단했지만 그것은 8살 때 이미 나를 깊이깊이 감동하게 한 것이다. 나는 늘 그 희생적인 정절을 생각하면서 아버지는 정말 좋은 아내를 얻었다고 부러워했다.

내가 어머니라고 부르는 여인, 그 평범하면서 아름답고 부드러운 여인은 내 가슴속에 완미한 여성상으로 심어져 그 후 내가 배우자를 선택하는 표준이 되었다. 그 이야기 또한 내 심목 중에 가장 아름다운 사랑 경전으로 남게 되었다.

나는 그런 여인의 출현을, 우리 어머니와 비슷한 여인의 출현을 끈기 있게 기다릴 것이다.

하늘 같은 은혜 바다 같은 정

나는 뜻밖에도 어머니의 일기책을 읽게 되었다. 그 일기책은 작은 나무갑 속에 넣어두었던 것인데 아마 근 18년은 그 안에 있었다. 한 번은 어머니께 저 갑 속에는 무슨 보배가 들어 있느냐고 물은 적 있다. 어머니는 보배 중의 보배가 들어 있다면서 그 갑을 더욱 높은 곳에 올려놓는 것이었다. 어느 날, 나는 궤 위에 놓인 책을 내리려다가 그만 그 나무갑을 땅에 떨어뜨렸다. 나무갑이 박살이 나며 그 속에서 '보배'가 나왔다. 뜻밖에도 어머니의 첫사랑을 적은 일기책이었다.

어머니의 첫사랑

그것은 1976년의 봄날에 생긴 사랑 이야기였다. 밤 일거리를 하는 어머니는 늘 그 어두컴컴한 골목길을 한참 지나야 했는데 가로등도 없는 그 길에서 언젠가는 무서운 강탈 사건이 벌어졌고 그 길을 지나는 어머니는 머리칼이 곤두서곤 했단다. 어머니의 일기에는 이렇게 쓰여 있었다.

***

골목길에 들어설 때마다 난 그가 내 뒤를 따르는 것을 발견했다. 그러다가도 골목길만 벗어나면 금방 사라지곤 했다. 아마 공무집행 중이겠지, 그러나 몇 날 며칠 저녁을 빠짐없이 그렇게 내 뒤를 따르자 갑자기 나를 바래다주느라고 그러는 게 아닌가 하는 생각이 들었다. 그날 저녁도 그는 또 내 뒤를 따랐다. 나는 가던 걸음을 갑자기 멈추고 물었다.

"경찰 아저씨, 제가 특무(간첩)인가요?"

그는 여남은 발자국을 사이에 두고 멈춰서서 나를 바래다주느라 그런다고 대답했다.

"그런데 전 아저씨를 모르는데요? 가짜 경찰은 아니겠지요?"

그러자 그는 몇 발짝 다가와서 차렷하고 경례하며 "인민을 위해 복무하는 것은 나의 직책입니다." 하는 것이었다.

집으로 돌아와서 곰곰이 생각해 보니 혹시 이것이 사랑이란 게 아닐까? 하는 생각이 들며 갑자기 밝은 대낮에 그를 만났으면 하는 욕망이 생겼다. 과연 어느 날 낮에 나는 그를 만났다. 둥근 모자 아래 준수한 얼굴, 아마 그도 나를 알아보았는지 다가오면서 물었다.

"나를 찾습니까?"

나는 당황한 나머지 급히 머리를 저었다. 그는 나의 당황한 얼굴을 보고 밝은 미소를 지었다. 그의 얼굴에는 조금도 계급투쟁의 화약 냄새가 없었다. 나는 저도 모르게 나는 출신이 좋지 못한 여자, 부모가 모두 5.7 간부학교에 가 있는 사실이 생각났다. 아이참, 그와 나를 비길 건 뭐람? 아무렴, 내가 그렇게 간단하게 그를 사랑한단 말인가? 그 후 그는 나에게서 이 말을 듣고 바로 그것이 사랑의 신호라고 했다. 난 믿어지지 않았다.

"흥, 첫사랑인데도 왜 난 조금도 가슴이 뛰지 않을까요?"

그는 이렇게 말했다.

"난 란이를 보는 첫 순간 가슴이 뛰었소. 밤길을 홀로 걸어가는 그 모습을 보고 좋아했단 말이요. 참으로 란이가 밤 일거리를 할 수 있는 게 감사하고 이 골목길에 가로등이 없는 게 고마웠소…."

기억하고 있으세요? 지난번 우리가 함께 나의 친구 새별을 찾아갔었던 일을 말이에요. 새별이와 나는 친자매처럼 친한 단짝이었어요. 그 애의 부모들도 모두 '구린내 나는 아홉째'로 몰리던 중이라 우린 신세가 비슷했어요. 그 앤 당신에게 85점을 매겨주더군요.

"왜 이렇게 좋은 남자가 나한테는 나타나지 않았을까? 나의 남자친구 존중이와 바꾸지 않을래?"

"애, 그 경찰 아저씨가 널 족쇄로 채워버리면 어쩌려고 그러니?"

내가 이렇게 대답하자 새별이는 눈을 찡긋했어요. 우린 서로 끌어안고 뒹굴며 웃었어요. 한참 웃고 떠들다가 새별이가 말하더군요.

"애, 이다음에 우리가 아기를 낳으면 서로 사돈 하자, 응?"

내가 이런 이야기를 당신께 다 해드렸더니 당신은 웃으면서 "여자들은 참 이상하지, 연애를 금방 시작했는데 벌써 아기 이야기부터 하니 말이요."하더군요. 난 그만 창피해서 당신의 가슴을 쥐어박았어요. 당신이 너무나도 흐뭇해서 하하, 간질여 주는 게 좋다고 하더군요.

***

어머니의 일기는 이렇게 자유로이 써 내려갔다. 난 아버지가 원래 경찰이었다는 것을 이제껏 몰랐다. 나는 어머니의 일기를 훔쳐본 것이 조금은 미안하였지만 고의가 아니었기에, 그리고 어머니한테도 그런 첫사랑이 그토록 귀중하게 숨겨져 있다고 생각하니 괜히 어머니가 대단해 보였다.

어느 날 아버지가 정주로 가신 후(아버지는 정주분 회사의 상무 대표로 그곳에 주재해 있다), 어머니와 나만이 집에 남았을 때 난 어머니와 첫사랑의 감정을 교류하고 싶었다. 마침 방학이라 나는 어머니가 퇴근하기 전에 밥을 지어놓고 기다렸다.
"아이구, 이게 웬일이람? 해가 서쪽에서 뜨겠네."
어머니는 그렇게 나를 칭찬해 주었다.
저녁 식사가 끝나자 나는 부지런히 설거지를 하고 나서 어머니를 끌고 침실로 들어갔다. 나는 큰 잘못이나 저지른 듯이 울상을 하고 어머니께 사죄했다. 내가 조심하지 않아 어머니의 보배가 담긴 나무갑을 깨뜨렸다고 말이다. 뜻밖에도 어머니는 깨진 나무갑 조각을 어루만지며 그토록 비통해하고 슬퍼하셨다. 난 어머니의 그런 모습에 깜짝 놀랐다. 나는 이제야 부랴부랴 설명했다.

"어머니, 제가 고의로 깨버린 게 아니에요. 책을 찾다가 부주의로 떨어뜨려서 깨진 거예요."

어머니는 나를 바라보았다. 그런데 그 눈길은 아주 먼 옛날로 돌아가신 듯 몽롱했다.

"애야, 너 그 일기책을 보았니?"

"네, 보았어요. 어머니 첫사랑의 아름다움을 제가 함께 나누어 보았다고 나무라시진 않겠지요? 어머니…."

어머니는 소리 없이 우셨다. 나는 갑자기 이 일기 속에 무슨 말 할 수 없는 고통이 숨겨져 있는 게 아닌가 하는 생각이 들었다. 아버지가 지금까지 경찰이었단 말을 들어본 적이 없었던 기억이 그런 의심을 더해주었다.

그날 저녁 난 어릴 때처럼 어머니의 팔을 베고 누웠다. 어머니는 말씀하셨다.

"아마 이젠 너에게 알려주려던 그 가슴 아픈 이야기를 들려줄 때가 됐나 보다. 오랜 세월이 흘렀지만 어머닌 아직도 그이를 잊지 않고 있단다. 지금 아버진 너의 아버지가 아니다. 너의 아버지는 경찰이었다. 넌 그 이야기의 시작을 이미 읽어보았지? 그래, 얼마나 아름다운 이야기냐? 하지만 그 이야기의 발전과 결말은 어머니 맘속에 담아두고 쓰지 않았다. 너의 아버지 이름은 안소해라 불렸다. 훗날 그는 열사로 추인되었다. 처음 나와 그와의 연애는 비밀이었다. 후에야 나는 그이를 따라 그의 집으로 갔는데 그들 부자는 모두 경찰이었다. 그의 아버지는 공안국장이었어. 그의 식구들은 모두 나를 반겨주었다. 그때는 아직도 계급투쟁이 심한 때여서 혼인도 계층을 따졌다.

하지만 그의 아버지는 이 문제상에서 우리의 사랑을 속박하지 않았다. 그런데 그 국의 한 부국장이 나와 소해의 연애를 문제로 삼아 꼬집기 시작했는데 알고 보니 그 화살이 국장한테 돌려지고 있었다. 그래서 그의 아버지는 이렇게 말씀하셨다.

'란란이, 방법이 없구나, 내가 감당해 낼 수가 없구나. 너와 소해가 잠시 만나지 않는 게 어떠냐? 내가 너희들을 갈라놓으려고 그러는 게 아니다. 1~2년 지났다가 형세가 좋아지면 다시 만나는 게 어떠냐?'

난 아버지가 실로 방법이 없어서 그런다는 것을 알았기 때문에 동의했다. 그런데 소해가 화를 내면서 아버지 벼슬이 내 행복보다 더 중하냐고 대드는 것이었다. 아버지는 낯빛이 검어지면서 말씀하셨다.

'넌 아직도 세상 무서운 줄 모르는구나. 감투만 뒤집어쓰는 날이면 무슨 볼 게 있다고 그러니? 매일 거리로 끌려다니며 비판 투쟁을 받아야 하는데….'

나는 급히 소해를 말렸다.

'소해, 아버지와 그렇게 말하면 난 다신 소해를 아는체하지 않을 거예요.'

그 말에 아버지는 갑자기 눈물을 흘리시더라. 나와 소해는 의연히 서로 사랑했다. 우린 아무도 모르게 은밀히 사랑했지.

우리가 약속한 지점인 수림에 이르렀을 때다. 그 부국장이 의연히 우리에 대한 감시를 늦추지 않고 있다는 것을 모르고 있는 나와 소해는 수풀 속에서 서로 껴안았다. 그때 그 부국장이 나타났다. 그는 아주 예사롭게 '너희들이었구나!' 한마디 하고는 가버렸다. 이상하게도 훗날에도 아무 소문이 없지 않겠니? 알고 보니 소해가 그 부국장이 한 피해자 가족과 내통하는 것을 본 적 있었는데 이렇게 서로 눈감아 주는 것으로 그들 사이 계급투쟁은 마침내 사라졌다.

　소해의 아버지는 이 일을 몰랐다. 소해와 그 부국장은 그 후로 아주 친형제처럼 사이가 좋아졌어. 어느 한번 범죄자를 나포하는 임무를 집행하다가 소해는 범죄자의 총에 희생되었다. 추도회에서 부국장은 소해가 자기를 엄호하다가 희생되었다고 하면서 그의 아버지의 손을 잡고, 이제부터 자기를 소해처럼, 아들처럼 여겨달라고 하며 눈물을 흘렸다. 소해는 열사로 추인되었다. 그날이 1976년 6월 7일이었다. 우리 결혼식 날짜와 얼마 멀지 않은 그날, 소해는 먼저 갔다. 누구도 그때 내가 이미 임신하고 있다는 것을 모르고 있었다. 나는 이 일을 누구에게도 말할 수가 없었다. 영웅이 어찌 결혼하지 않고 먼저 동거할 수 있단 말인가? 그렇게 고상한 사람에게 있을 수 없는 일이었다. 나는 고통을 혼자 씹어 삼키며 뱃속의 아기를 위해서 살았다…."

　어머니의 얼굴로 눈물이 비 오듯 흘렀다. 그 눈물이 내 얼굴을 차갑게 적셨다.
　"어머니, 그 아기를 낳으셨어요?"
　"그래 낳았다. 그 애가 지금 내 곁에 누워 있단다."

나는 어머니를 꽉 부둥켜안았다….

"아버지는 제가 누군지 알고 계셔요?"

어머니는 그 일기책을 잘 싸서 다시 자기의 옷상자 속에 깊이 넣었다. 그 신성한 모습을 묵묵히 지켜보는 나의 마음은 한없이 쓰라렸다.

"이 같은 이야기를 아무리 잠가둔들 무슨 소용이 있다고 그래요?"

"혜아, 넌 이 일을 잊어버려, 이 일을 더는 생각하지 말아라. 우린 얼마나 행복하게 살고 있니? 그리고 아버진 너를 얼마나 사랑하고 계시니? 안 그래?"

나의 눈물은 또다시 줄 끊어진 구슬처럼 마구 쏟아졌다. 나를 18년간이나 키워준 아버지, 당신은 제가 누군 줄 아세요? 나는 다시는 어머니께 더 묻지 않았다. 그이의 아픈 맘을 다시 건드리고 싶지 않았다. 하지만 어찌 아버지께 이 크나큰 비밀을 감춘단 말인가? 이는 아버지에게는 얼마나 불공평한가. 나는 오랜 세월의 흐름 속에서 어느 날 어느 순간에 아버지가 나한테 일정의 냉대라도 없었는지 생각해 보았지만 끝내 찾아낼 수 없었다. 나한테 뺨 한번 친 적 없었으니 말이다.

어머니도 그랬다. 그들은 서로 얼굴 한번 붉힌 적 없이 기막히게 사랑하며 다정히 지냈다. 정말 뭇사람들이 다 부러워할 지경이었으니까. 그러니 아버진 꼭 내가 누군 줄 모르고 계심이 분명하다. 나는 갑자기 아버지한테 가기로 했다. 나는 아버지께 나의 출생의 비밀을 말씀드리기로 작심했다. 어머니의 잘못을 빌면서 용서를 얻으려 했다. 혹시 아버지께서는 분노하실지도 모른다. 하지만 내가 어찌 이런 비밀을 심중에 숨겨둘 수 있단 말인가?!

 나는 어머니께 종이쪽지를 남겼다. 친구네 집에 놀러 가니 며칠 걸릴 거라고 말이다. 나는 열차에 올랐다. 악양에서 정주까지 몇 시간 걸려 도착했다. 나는 아버지께 전화를 드렸다. 아버진 내가 왔다니 기뻐하시며 말씀하셨다.
 "혜아, 네가 아버질 보러 오다니? 안 그래도 난 짬을 타서 대학 입시시험을 치른 고역을 겪은 너에게 위문 가려고 했는데…."
 그날 저녁 나는 아버지와 한방에 앉아 이야기를 나누었다.
 "제가 아버지께 한 가지 비밀을 알려드릴게요. 어떤 일이 있더라도 전 아버지께 꼭 이 비밀을 말씀드려야겠어요. 아버진 세상에 둘도 없이 좋은 아버지니까요."
 "아니 무슨 약사발을 그렇게 길게 올리며 그러니? 어서 그 비밀이나 말할 것이지." 아버진 웃으셨다.
 "아버지 안소해란 사람이 누군 줄 아세요?"
 아버진 갑자기 얼굴빛이 흐려지다가 뒤미처 웃음을 담으며 대답하셨다.
 "그분은 열사이시다. 우린 그분의 영웅 사적을 따라 배웠으니까."
 "그럼, 아버진 제가 누군 줄 아세요?"
 "누구긴? 넌 혜아이지. 내 딸이지."
 "그래요. 아버지의 딸이 옳아요. 그런데 나를 낳은 아버지가 누군 줄 아세요?"
 아버지 얼굴빛이 또다시 흐려졌다.

"누가 너에게 이런 걸 알려주었니?"

난 아버지의 얼굴을 뚫어지게 지켜보며 물었다.

"그럼 아버진 이 일을 알고 계셨겠어요."

아버진 마음이 몹시 두근거리는 모양이었다. 그인 눈물을 닦으며 어머니가 알려주더냐고 물으셨다.

"전 어머니의 일기책을 보았어요. 그래서 어머닌 저에게 알려준 거예요."

"혜아, 넌 어머니의 심정을 알아야 한다. 그는 너의 훌륭한 어머니며 나의 훌륭한 아내다."

"하지만 아버지, 아버진 이 모든 것을 첫 시작부터 알고 계시면서도 어머니를 조금도 나쁘게 생각하지 않으셨어요? 아버지의 의무를 감당하시면서 평정을 갖고 계셨어요?"

"그땐 넌 아주 어렸어. 난 어머니더러 아기를 하나 더 낳으라고 권했다. 하지만 어머닌 우리에게 혜아가 있으면 족하지 않으냐고 하셨다. 난 그때 너의 어머니를 너무 이기적이라고 했었다. 하지만 시간이 지남에 따라 난 이해했어. 이봐, 우린 지금 널 대학생으로 키우고 있거든…."

난 아버지의 어깨에 엎드려 흐느꼈다. 아버진 나의 등을 어루만지며 말씀하셨다.

"원래 우린 늙은 다음에 너에게 알려주려고 했는데…. 이젠 네가 이런 현실을 받아들일 수 있다는 게 아버지로선 정말 기쁘구나."

나는 어머니께 정주에 다녀왔다고 말씀드렸다.

"네가 그리로 갔으리란 짐작을 했단다. 너 아버지께 고발하러 갔댔지?"

"네, 이미 비밀이 아닌 비밀이더군요. 아버지는 참으로 훌륭하신 분이셔요. 난 아버지를 통해 긍지를 느껴요. 아버지의 흉금은 바다 같아요."

어머니는 웃으셨다. 아마 어머니도 뿌듯한 자랑을 느끼는가 보다. 일생에서 출중한 두 남자를 만난 어머니시니까.

여름방학은 하루하루 흘러갔다. 나는 아버지 안소해의 무덤을 찾아가기로 했다. 난 어머니를 다시 괴롭히고 싶지 않았다. 난 옛날 아버지가 사업하시던 그 공안 분국을 찾아갔다. 안 국장을 찾는다고 하니 한참이나 얼떨떨해 있던 그 사람은 그분은 이미 이직한 지 오래니 노간부국에 가보라는 것이었다. 난 노간부국에서 나의 할아버지 안명양의 집 주소를 찾아냈다.

내가 문을 두드리니 백발이 성성한 노인이 날 맞아주었다. 나는 두 늙은이를 마주하자, 뭐라고 말을 시작해야 할지 입이 떨어지지 않았다. 그저 두 노인을 유심히 바라보면서 그사이 흘러간 세월 속에 담긴 사연에 목이 멜 뿐이었다.

"할아버지, 할머니!"

나는 그렇게 한마디 부르고는 눈물이 비 오듯 흘러 뒷말을 이을 수가 없었다. 두 늙은이는 깜짝 놀라며 집을 잘못 찾아온 게 아니냐고 했다.

"아니에요. 전 당신의 손녀 혜아예요."

"아니 그럴 수가…. 우리 소해는 진작 우리 먼저 갔는데 손녀라니?"

"저, 란란이란 처녀를 기억하세요? 전 소해와 란란이의 딸이에요."

난 마음이 급해져서 할아버지가 국장으로 일하실 때의 일을 죽 이야기했다. 할아버지와 할머니는 이런 생각지도 않던 뜻밖의 기쁜 일에 눈물로 옷깃을 적시였다. 난 이 몇십 년간의 일을 낱낱이 말씀드렸다.

"참으로 너의 어머니를 고생시켰구나. 왜 그사이 너의 어머니는 한 번도 우릴 찾아오지 않고 혼자서 고생하였다니? 원래 너의 어머니는 란란이가 아니라 혜혜였다. 후에 이름을 고쳤구나."

나는 두 노인과 함께 아버지의 묘비를 찾아갔다. 난 성화 한 묶음을 아버지 묘지 앞에 드렸다. 난 차디찬 비석을 어루만지며 속으로 말했다.

'아버지 고이 잠드세요.'

두 노인은 만류하였지만 나는 그길로 집으로 돌아왔다. 그런데 이튿날 두 노인이 이른 새벽에 차를 타고 우리 집을 찾아오실 줄이야. 어머니는 아직 출근 전이였다. 할머니는 어머니의 손을 잡았다.

"혜혜, 우리 늙은이가 이제 자넬 보러 왔네. 그새 얼마나 고생이 많았댔나?"

어머닌 두 늙은이를 자리에 모시고 더운물을 따라드렸다. 그런데 할아버지가 어머니를 눈여겨보시더니 "아니, 자네 혜혜가 아니구먼." 하고 놀라셨다.

"제가 혜혜가 맞습니다."

"아니, 자네 혜혜가 아니구먼. 혜혜의 미간엔 기미가 있고 그 애 얼굴은 갸름했었는데….”

어머니는 차를 따르던 손을 멈추지 않고 찻물이 넘치는지도 모르고 계속 부었다. "자네, 이 늙은이에게 이게 무슨 일인가를 알려줄 수 없겠냐? 혜혜는 지금 어디에 있냐?" 어머니는 마치 돌부처나 되어버린 듯 꼼짝하지 않고 서 있다가 천천히 대답했다.

"혜혜는 지금 이 세상에 없어요. 그는 혜아를 해산하고 하혈이 멈추지 않아…."

난 눈앞이 온통 새빨개지며 나를 위해 마지막 피 한 방울까지 다 흘린 그 여인을 떠올렸다….

어머니가 그 옛날의 이야기를 다 하자 할머니와 할아버지는 어머니 앞에 무릎을 꿇고 어머니의 그 은혜에 목이 메어 말을 잇지 못했다.

"소해가 희생된 후 혜혜는 혜아를 위해 건강하게 살았어요. 그녀는 몸이 아리기 시작하자, 시골에 있는 저의 친구 집으로 내려갔어요. 그의 해산일이 다가오자 저와 존중이는 낙양에서 시골로 달려갔어요. 그때 우린 결혼한 지 반년이 되었어요. 그녀는 소해의 이름을 부르며 아기를 낳았어요. 그런데 하혈이 멈추지 않았어요. 결국 우리가 그녀를 병원으로 옮긴 후 사흘 만에 이 세상을 떠났어요. 그녀는 떠나가면서 말했어요. '란란이, 난 간다. 이 애를 네가 맡아줘. 나를 대신해서 키워줘. 정 어려우면 이 애 할머니와 할아버지께 보내고. 하지만 소해는 영웅인데 어찌 그이에게 사생아를 남겨줄 수가 있겠니? 너희들의 그 은혜를 내세에 가서라도 꼭 보답하겠으니 이 애를 잘 키워다오…. 그리고 우리 부모들께 전해줘. 이 딸은 불효막심하여 먼저 간다고….' 란란이 부모들은 혜혜가 그렇게 저세상으로 갔다는 것을 알고 아기를 자기네가 부양하겠다고 했어요. 하지만 우리는 그녀의 마지막 부탁을 기억하고 동의하지 않았어요."

그 이야기를 듣고 할머니, 할아버지는 무거운 노구를 끌며 문을 나섰다. 나는 그 자리에 쓰러졌다. 알고 보니 나는 고아였다. 비록 어머니, 아버지는 나에게 진정한 사랑을 주었지만 결국 나에겐 나를 낳아준 부모가 없었다!

"어째서 나를 속였어요? 왜 이런 아름다운 이야기를 꾸며서 나를 위안하는가요?"

"다만 네가 아무 근심 없이 즐겁게 크라고 그런 거다. 넌 어째서 네 이름이 란혜아인지 아느냐? 넌 란란이와 혜혜의 아이란다. 너의 아버지와 나는 진작부터 약속했다. 너에게 절반의 사실만을 알려주자고 말이다. 그래서 소해는 희생되었지만 너에게 란란이란 친어머니만은 남겨주려 했단다. 너 새별이란 여자애가 누군지 아느냐? 그게 바로 나야. 혜아, 넌 이젠 너의 출생의 비밀을 다 알았다. 넌 이젠 컸다. 넌 어머니와 너의 아버지 고심을 이해할 수 있겠지? 그러면 나도 너의 어머니께 미안하지 않단다."

"어머니, 어머닌 영원히 나의 친어머니예요. 혜아의 훌륭한 어머니!"

이렇게 이번 방학은 다 지나갔다. 나는 여태껏 숨겨졌던 내 출생의 비밀로 숱한 눈물을 흘렸다. 그 숨겨진 비밀 속에는 얼마나 깊고 깊은 사랑, 헤아릴 수 없이 큰 은혜가 숨겨져 있었던가!

대학 입학통지서를 받고 북경으로 떠나던 날, 나의 아버지 소해와 어머니 혜혜의 친인들이 다 왔으며 나의 지금 부모의 양친께서도 다오셨다. 처음으로 만난 그들은 서로 인사를 나누었고 나를 위해서 한자리에 모여주었다. 열차에 오를 때 나는 아버지와 어머니께 지금이라도 난 여동생이든 남동생이든 하나 있었으면 좋겠다고 했다. 두 분은 얼굴을 붉히며 말씀하셨다.
"너 못 하는 소리가 없구나!"

열차는 떠났다. 어머니, 아버지, 몸조심하세요! 난 점점 멀어져 가는 그들, 나를 향해 흔드는 손을 바라보며 또다시 솟구치는 눈물을 금할 수가 없었다.

낳은 정 키운 정

1971년 4월, 왕란은 해산이 임박해 심양시 모 병원에 입원했다. 병실에는 그녀 외에 두 여인이 있었는데 통성명도 없이 서로 1호, 2호, 3호라고 불렸다. 공교롭게도 2호 산모의 동생이 3호 산모의 제자여서 세 여인은 쉽게 어울렸다.

이튿날 세 여인은 거의 동시에 순조롭게 몸을 풀었다. 왕란과 2호가 아들을 낳고 3호가 딸애를 낳았다. 사흘 후 퇴원하게 되자 간호원이 남자아기를 안아왔다. 왕란은 아기를 들여다보고 놀라 부르짖었다.

"잘못 데려왔잖아요. 머리칼이 없는 걸 보니 이 아긴 저의 아기가 아니에요."

아기가 태어나자 간호원이 그녀에게 보여주었을 때 아기 머리칼이 까맣게 나 있는 걸 분명 보았기 때문이다. 그 간호원은 멍해 있는 것 같더니 아차 하여 다른 아이를 안아왔다. 이번에도 왕란은 어쩐지 미심쩍었다. 한참이나 들여다보던 왕란은 참지 못하고 또 한마디 했다.

"제 아이가 틀림없는가요?"

그 간호원은 대뜸 눈살이 꼿꼿해졌다.

"어떻게 또 틀릴 수 있어요. 장난인가요?"

간호원은 문을 꽝 닫고 나가버렸다.

아기를 아무리 들여다봐도 알아낼 수 없었다. 아기가 바로 영아실로 옮겨진 데다 금방 태어난 아기라 여느 아기나 비슷비슷해 도무지 닮았는지 가려낼 수 없었기 때문이다.

왕란의 남편이 모자를 데려가려고 차를 갖고 온지라 3호 모녀도 그 차의 신세를 지게 되었다. 차가 민족영화관에 이르자 3호 여인은 길가의 층집(아파트)을 가리키며 자기네 집이 거기에 있다면서 감사하다는 인사를 하고 내렸다. 집으로 돌아온 왕란은 자기 품속의 아기를 두고 미심쩍은 생각을 버릴 수 없었다.

"여보, 우리가 아기를 잘못 안아온 것은 아니겠죠."

"무슨 헛소리를, 둥실둥실한 놈이 꼭 내 상상 속의 아들임에 틀림이 없소."

아기가 무척 건강한지라 이름을 장이라고 지었다.

세월은 쏜살같이 흘러 장이도 10살이 되었다. 그사이 왕란은 아들 하나 딸 둘을 더 낳았다. 1981년 5월, 왕란 부부는 네 아이를 거느리고 동물원 구경을 갔다. 돌아오는 길에 사진관에 들러 가족사진을 찍게 되었다. 이렇게 저렇게 애들의 자세를 바로잡아 주던 촬영사가 장이를 가리키며 느닷없이 농담을 했다.

"이 아인 참 달라요. 엄마도 아빠도 안 닮았으니 얻어다 키운 것 아니겠지요?"

말하는 사람은 무심해도 듣는 사람은 새겨들었다. 밤이 깊었으나 왕란은 도무지 잠들 수 없었다. 살그머니 일어난 그녀는 아이들이 자는 방으로 들어가 아이들을 눈여겨보았다. 가는 눈썹, 가는 눈매의 두 딸은 틀림없이 아빠를 닮았고 둥근 얼굴에 큰 눈을 가진 작은아들은 엄마를 꼭 빼닮았다. 유독 장이만이 부모를 닮은 데가 없지 않은가. 그리고 장이의 행동거지도 웃고 떠들어 대기 좋아하는 세 동생과는 판이했다. 장이는 과묵한 아이였다.

이틀 후 왕란은 아이들을 데리고 혈액검사를 해보자고 남편을 졸랐다.

"남의 말 한마디에 무슨 부산을 그렇게 떠오."

남편이 성을 내도 왕란은 고집을 꺾지 않았다. 아니나 다를까 검사 결과 그들 부부와 세 자식은 O형인데 장이만은 A형이었다. O형의 부모는 절대로 A형의 자녀를 낳을 수 없단다. 꼼짝없이 장이는 잘못 안아온 아들이었다. 왕란 부부는 한참이나 숨도 바로 쉴 수 없었다.

'10년을 키운 장이가 친아들이 아니라니, 그럼 내 아들은? 내 아들을 찾아야지.'

왕란은 집요하게 스며드는 그 생각을 떨쳐버릴 수 없었다.

왕란은 입원하고부터의 일들을 곰곰이 생각해 보기 시작했다.

"앤, 도대체 누구를 닮은 거요? 우리를 닮지 않지 않았소."

2호 산모의 남편이 하던 말이 떠올랐다. 2호 산모를 찾아야지. 왕란은 병원으로 찾아갔다. 하지만 그때는 '문화대혁명' 시기라 혼란한 것은 물론 서류가 파손되고 없어진 것도 많아 앞길이 막막했다. 그 간호원도 찾을 길 없었다. 세월이 많이 흐른 데다가 간호원의 이름도 모르고 또 병원의 사람들도 너무 바뀌었으니 말이다.

며칠 밤을 뜬눈으로 새운 왕란은 3호 여인과 2호 여인이 안면 있는 사이였고 민족영화관 부근에 살고 있다는 생각이 떠올랐다.

기억을 더듬어 그 층집을 찾았으나 어느 현관, 어느 층에 살고 있는지, 더구나 성명마저 모르는지라 어떻게 할 방법이 없었다. 그녀는 몇몇 집주인들을 찾아 10살짜리 여자애가 있는 집을 물었다. 그런 집도 대여섯 집 되는데 누구를 찾느냐는 물음에 그녀는 말문이 막혔다.

그날부터 왕란은 아예 퇴근하면 그 층집으로 달려가서 드나드는 사람들을 지켜보았다. 보름이 지나도록 3호 여인을 찾지 못하자 왕란은 얼마 동안 실망이 컸다. 이미 이사를 하지 않았을까? 하지만 왕란은 포기하지 않았다. 아들을 찾을 수 있는 유일한 선택은 3호 여인이니까. 끝내 열여덟 날 만에 왕란은 그 여인을 만났다. 그녀는 류소연이라고 했는데 왕란의 말에 조금 난감해했다. 워낙 그녀도 2호 여인의 동생과 관계가 끊어진 지 오래된 데다 그런 딱한 일이라 선뜻 나서려 하지 않았으나 나중에는 왕란의 애절한 요구를 못 이겨 알아보겠다고 했다.

한 달 후 류소연은 2호 여인은 이추화라고 하는데 시교의 어느 곳에 살고 있다는 기별을 왕란에게 전해왔다. 그날 저녁 왕란은 몇 번 차를 갈아타고 이추화가 살고 있다는 주민구 골목에 이르렀다. 이때 그 골목으로부터 한 무리 애들이 쏟아져 나왔다. 맨 뒤의 아이, 저 애다. 왕란은 첫눈에 그 애를 짚었다. 그 애도 몇 번이나 그녀를 돌아보는 것이었다. 왕란은 이추화네 집으로 가려다 말고 발길을 돌렸다. 이렇게 무턱대고 찾아가는 것이 도리가 아닌 듯싶어서였다.

결국 이튿날 왕란 부부는 이추화네 집으로 찾아갔다. 아들애의 이름은 평이란다. 이추화네 부부는 외독자인 평이를 금과옥조로 키우고 있었는데 더구나 할머니는 평이를 목숨처럼 여겼다.

눈물을 줄줄 쏟으며 찾아온 뜻을 밝히는 왕란 앞에서 아무런 심적 준비도 없었던 이추화는 어쩔 바 몰라 했다. 하지만 그녀는 시인하지 않을 수 없었다. 아들 평이는 이 눈앞의 여인을 너무나도 꼭 빼닮았으니 말이다. 사실이 그럴지라도 이추화네는 아들 평이를 내놓으려 하지 않았다. 어떻게 키운 아들인데….

이추화는 워낙 아들애에 대해 조그마한 의심도 하고 있지 않았다. 그 10년 동안 아들애가 이 가정에 가져다준 행복은 말로 표현할 수 없는 것이었다. 이제 와서 사랑하는 아들을 빼앗아 가려 한다니, 절대로 안 돼, 이추화가 밤잠을 자지 못하고 내린 결론은 아들을 돌려주지 못한다는 것이다.

그 후부터 왕란은 자주 이추화네 집으로 찾아갔다. 그사이 이추화도 왕란의 집으로 가 장이를 보았다. 내성적이고 말수가 적은 장이는 이추화에게 별로 좋은 인상을 남기지 못했다. 사실 장이는 이추화를 닮았었다.

"아이를 잘못 데려다 키웠다는 것이 판명된 이상 서로 제 자식을 찾읍시다."

끝내 왕란이 이렇게 자기 의사를 밝혔다.

"생김새만 가지고 어떻게 그렇게 판단을 할 수 있어요. 이렇게 된 바에는 평안을 깨지 말고 그냥 이대로 삽시다. 친척 집이 하나 늘어난 것으로 하면 되잖아요. 아이들이 다 큰 다음 알려주면 상처도 덜 받을 것 아니겠어요."

하지만 왕란은 양보하려 들지 않았다. 생김새로 판명하지 못하면 혈액검사를 하자는 것이었다.

"평이는 할머니의 명줄이에요. 이제 와서 아이를 찾아간다면 그것은 우리 집의 노인을 죽이는 것과 마찬가지일 거예요."

이추화의 태도는 아주 견결했다. 아들은 찾았지만 자기 곁으로 데려올 수 없어 왕란은 미쳐버릴 것만 같았다.

어느 날 휴식 시간에 누가 찾아왔다며 선생님이 평이를 불렀다. 자기 집으로 와서는 자기한테서 눈을 떼지 못하던 그 아줌마 왕란이었다. 선생님의 동의를 얻고 평이를 데리고 학교 부근의 골목으로 온 왕란은 아이를 와락 끌어안았다.

"애야, 날 엄마라고 불러라. 내가 너의 친엄마란 말이다."

평이는 놀란 나머지 '와' 하고 울음을 터뜨렸다. 처음으로 이 아줌마를 보았을 때 아주 익숙한 감이 들었다. 평이는 내심 이 아줌마를 좋아하고 있었지만 이럴 줄은 꿈에도 상상할 수 없었다. 이 아줌마가 친엄마라면 자기를 그토록 아껴주는 집의 엄마는 누구인가. 펑이는 그 길로 집으로 향했다.

"누가 내 엄마예요?"

눈물범벅이 되어 이런 질문을 들이대는 아들애를 보면서 이추화네 부부는 대뜸 연유를 알 수 있었다. 왕란이 아들애를 찾아갔었구나.

"애, 펑이야, 그 아줌마는 정신이 나간 사람이니까 이후 다시는 만나지 말아라."

결국 어린아이인지라 어른들이 달래니 금방 넘어갔다. 펑이를 찾은 후부터 왕란은 도무지 마음의 평온을 찾을 수 없었다. 왕란은 짬만 있으면 맛있는 음식물을 사 들고 학교로 찾아가곤 했다. 그녀의 이 행동은 이추화 가정의 평온도 깨뜨려 놓았다. 직장에서도 나서서 그녀를 고집스럽게 말렸지만 막무가내였다.

펑이는 이추화의 말대로 왕란이 학교로 찾아오면 말없이 피해버렸고 왕란이 주는 물건은 절대로 받지 않았다. 그때마다 왕란이 눈물이 글썽이면서 돌아서는 모습을 볼 때면 펑이도 가슴이 아팠다.

1984년 왕란은 법원에 소송을 걸어 법률의 힘으로 해결하려 들었다. 이추화는 아이를 잘못 데려왔다는 것을 절대로 인정하려 하지 않았다. 게다가 당시 혈육 감정을 하려면 상해로 가야 했는데 이추화 부부가 협조해 주지 않는지라 사실 근거를 내세울 수 없었다. 결국 법원에서는 왕란의 기소를 기각했다. 왕란이 다시 항소했지만 중급법원의 판결도 원판결을 유지한다는 것이다.

왕란은 이에 그치지 않았다. 병원, 위생국, 법원…. 그녀는 발바닥이 닳게 찾아다녔으나 증거가 부족하다는 이유로 그녀가 원하는 결과를 가져올 수 없었다. 심신의 고통으로 왕란은 때 이르게 늙어갔다. 사람들은 왕란의 집착을 두고 나무랄 수도 있다. 오늘날 서양에서는 수양 자식을 두는 것이 풍속으로 되었다는데 잘 자라는 아들애를 두고 그럴 필요가 뭐냐고 말이다. 하지만 모성애란 때로는 상식으로 이해되지 않을 수도 있는 것이다. 더구나 중국에서는 많은 사람들이 혈연관계를 더 없이 중하게 보고 있지 않는가.

왕란은 아들을 찾기 위해 목숨을 내걸다시피 했지만 양자인 장이에 대해서 절대 홀대하지 않았다. 오히려 왕란 부부는 다른 세 자식보다 더 장이에게 마음을 주었다. 왕란이 아들을 찾기 위해 동분서주하는 사이 세월은 흘러 펑이는 중학교를 졸업하고 2년간 군인 생활을 했다. 1994년 3월, 제대하여 온 펑이는 수도공사에 배치받아 계량기 검사 직원이 되었다.

어느 날 저녁 왕란이 저녁을 지어놓고 식구들을 기다리고 있는데 밖에서 물 계량기를 검사하러 왔다는 소리가 들려왔다. 문을 열고 내다보던 왕란은 그만 멍해졌다. 펑이가 아닌가. 장성한 아들을 앞에 두고 왕란은 또 눈물을 금할 수 없었다. 펑이도 왕란을 알아보았다. 어릴 때 늘 학교로 찾아오던 그 아줌마가 아닌가.

저녁에 퇴근하여 집으로 돌아온 펑이는 이 공교로운 일을 엄마 이추화에게 말했다.

'이건 아마 하늘이 뜻인가 보다. 내가 이제 더 고집을 부려서는 안 되지….'

이런 생각이 들자 이추화는 흘러내리는 눈물을 금할 수 없었다. 펑이는 여태껏 엄마가 눈물을 흘리는 걸 본 적이 없었다. 펑이는 눈물을 쏟으며 엄마 앞에 무릎을 꿇었다.

"엄마가 절 키워준 은혜는 영원히 잊을 수 없어요. 전 영원히 엄마의 아들이에요. 하지만 그분도 너무 불쌍해요. 저 때문에 백발이 되었더군요. 엄마는 좋은 분이지요. 우린 당연히 그분을 도와야 해요. 그리고 어떻게 되든 그인 저를 낳은 엄마예요. 그녀가 고통스럽게 지낸다면 저도 고통스러워요. 엄마는 제가 고통스럽게 지내는 걸 바라지 않겠지요."

이튿날 이추화 부부는 아들 펑이를 앞세우고 왕란의 집을 찾아갔다.
"오늘 아들을 돌려주러 왔어요. 펑이야 엄마께 인사를 드려라."

펑이는 왕란의 앞에 무릎을 꿇었다…. 격동된 왕란은 말 한마디도 하지 못하고 펑이의 머리만 어루만졌다. 그러던 왕란은 홀연 이추화 앞에 무릎을 꿇더니 감사하다고 인사를 올렸다. 어느 사이 왕란의 남편이 장이를 데리고 들어섰다. 장이 역시 자기의 친부모께 인사를 올렸다. 저녁 두 집은 연회를 차려 이 뜻깊은 모임을 경축했다.

"펑이는 아줌마가 낳았지만 제가 길렀지요. 오늘 돌려준다고 해서 저의 아들이 아닌 건 아니에요."

이추화의 말에 펑이와 장이가 일어섰다.
"두 분 다 저의 어머님입니다. 우리를 위해서 너무 수고가 많으

셨습니다. 오늘부터 부모님들을 더는 고통스럽게 하지 않을 것입니다."

술상이 파할 무렵 펑이가 입을 열었다.

"저와 장이는 서로 원래의 집에 있기로 약속했습니다. 우린 서로 원래의 집에 습관이 되었거든요."

양가 부모들은 자식들의 선택에 동의를 표했다.

"사실 난 펑이를 내 자식으로 인정하고 싶어서였어요. 낳은 정보다 키운 정이 더 크니깐 펑이는 엄마를 꼭 잘 모셔야 한다."

이는 왕란의 진심이었다.

그때부터 두 집은 한집 식구처럼 보냈다. 사실 그들에게는 잘못이 없었다. 그들을 고통의 심해로 몰아넣은 것은 그 병원이었다.

1995년 가을, 왕란과 이추화는 연명으로 그 병원을 기소했다. 증거를 내기 위해 그들은 중국 의과대학 부속병원에 가서 친자감정을 해야 했다. 그 감정을 하려면 4,000원이 있어야 했다. 보통 서민으로 말하면 적은 액수가 아니었지만 그들은 주저 없이 나섰다. 결과는 불 보듯 뻔한 것이었다. 펑이는 왕란의 아들이고 장이는 이추화의 아들이라는 것이 판명되었다. 당연히 일을 그르친 그 간호원을 찾지 못한지라 그 병원이 책임을 져야 했다.

법원에서는 심양시 모 병원에서 26년 전 병원 직원의 실수로 아이가 바뀌었는데 이로 하여 피고는 원고 왕란에게 인민폐(**중국화폐**)로 4만 원의 배상금을, 이추화에게 인민폐로 3만 원의 배상금을 지불하게 하였다. 동시에 법률적으로 펑이는 왕란의 친아들이고 장이는 이추화의 친아들이라는 결론을 내려줌으로써 이 일도 결말을 보게 되었다.

젊은 시절
조롱으로 빚어진 인생 희비극

1964년 가을, 성 중점(명문)학교의 하나인 사천성만현시의만현 1중은 신입생들로 인해 환락의 분위기로 들끓었다. 고중 1학년 1학급의 고범은 충현의 한 농촌에서 왔는데 너무 멋지게 생겨 첫날부터 학생들의 이목을 끌었다. 행동거지도 아주 대범했고 말수 또한 적어 더구나 매력적이었다.

그런데 며칠 지나고 보니 학습 성적이 학급에서 꼴찌인 데다 글씨도 밉게 쓰는 치명적인 약점이 있었다. 하지만 16살, 한창 사춘기 나이인 여학생들은 그 약점을 개의치 않았다. 잘생긴 덕으로 고범은 여학생들 속에서 꽤 인기가 있었다. 여학생들은 특별히 고범에게 관심을 가졌다. 자습 시간이면 다투어 '보도'해 주는 것으로 고범과의 접촉을 시도했다.

여학생 맹령은 운양현운양진에서 왔는데 집에서 곱게 받들어 자라서인지 아니면 학급에서 공부를 제일 잘해서인지 그녀의 몸에서는 도도한 그 무엇이 풍기었다. 그녀도 고범에게 마음이 쏠렸지만 아닌척하고 있었다. 가정 조건을 보아도 그렇고 학습 성적을 보아도 고범은 자기와 비길 바 못 되는데 내가 왜 먼저 그를 따른담? 그리고 자기의 생김새에 그다지 자신이 없는 것도 문제였다. 곱게 생기지 못한 데다 피부 또한 가무잡잡하고 작은 키에 몸도 실한 편인지라 만약 주동적으로 다가갔다가 고범에게 거절당하면 너무 창피한 일이라고 그녀는 생각하고 있었다.

맹령은 몇 번이나 고범이 수학 문제를 풀지 못해 낑낑거리는 것을 보고 그가 자신에게 묻기를 은근히 기다렸다. 그런데 번번이 다른 여학생들이 '희생정신'을 발휘하는 바람에 기회를 놓치고 말았다.

1965년 봄, 학교에서는 충현의 '석보채'로 들놀이를 가게 되었다. '석보채'는 위엄 있게 치솟은 산들로 이름이 높다. 동학들은 앞서거니 뒤서거니 하며 산꼭대기에 올랐다. '천자전'에 올라서니 기운차게 동쪽으로 흐르는 장강이 한눈에 안겨들어 가슴을 후련하게 만들었다. 이때 고범이 의기양양하여 이렇게 말했다.

"우리 충현을 봐, '석보채'가 있을 뿐만 아니라 '정방각'도 있단 말이야, 정말로 우리 충현은 위대해!"

여학생들이 그의 말에 환성을 보냈다.

맹령은 어쩐지 속이 뒤틀렸다. 그녀는 여학생들 앞에서 고범의 기세를 꺾어놓으려 작심했다.

"충현이 위대하든 말든 너와 무슨 상관이니? 네가 위대하다면 불어도 괜찮겠지만…."

여학생들에게 떠받들리는 데 습관이 된 고범은 이 뜻밖의 공격에 어쩔 줄을 몰라 "너, 너…." 하고 말도 못 했다. 고범의 낭패한 얼굴을 보며 맹령은 고소해 한술 더 떴다.

"내가 어쨌단 말이니? 네가 쓴 글은 줄줄 읽어 내려갈 만하니? 네 글씨를 보면 꼭 닭이 헤집어 놓은 것 같단 말이다. 그러고도 부끄러운 줄을 모르니…."

"글씨를 잘 쓰고 못 쓰고 무슨 상관이야. 대학에 가는 데는 아무런 영향도 없단 말이야."

고범이 골이 나 내뱉었다.

맹령은 언짢다는 듯 웃더니 "네가 대학에 간다구? 네가 대학에 가면 나 이 맹씨 성을 거꾸로 쓸 테다."

"맹령, 너 그런 눈으로 사람을 깔보지 말아."

고범은 붉으락푸르락해서 이 말을 내뱉고는 산에서 내려갔다.

1966년 문화대혁명이 시작되었다. 대대서기인 고범의 부친이 '주자파'로 몰리는 바람에 아들인 고범도 연루되어 학교를 떠날 수밖에 없었다. 얼마 후 학교에서 공부를 중단했던 맹령도 운양진으로 올라가 철로의 '륜환공(바퀴 수리공)'이 되어 성곤선 건설에 투입되게 되었다.

눈 깜박할 새에 몇 년 세월이 흘렀다. 대대의 통계원으로 된 맹령도 시집갈 나이가 되었다. 해마다 집으로 놀러 갈 때면 충현을 지나치게 된다. 증기선(汽船)이 '석보채'를 지날 때면 맹령은 증기선(汽船)

앞에 붙어서 집중하여 산을 바라보곤 하였다. 기적이라도 나타나 고범이 그 위에서 자신을 향해 손을 흔들기를 바랐다.

1974년 봄, 맹령은 뜻밖에도 산서 교통(상업)대학에서 보내온 편지를 받게 되었다. 편지를 꺼내보는 순간 그녀는 놀랐다. 고범이 보내온 편지였다. 고범은 노농(**노동자 농민**)병 학원을 졸업하고 학교에서 교편을 잡고 있었다. 편지에서 고범은 고중 생활을 회상하면서 여러 동창생의 정황을 물었다. 나중에 맹령의 안부를 묻는 것도 잊지 않았다. 맹령은 흘러내리는 눈물을 금할 수 없었다. 얼마나 바라던 일인가. 맹령은 그 자리로 다섯 장에 달하는 회답 편지를 썼다. 이 몇 년간의 생활 그리고 '석보채'에서의 일을 성근하게 반성함과 아울러 양해를 구했다. 마지막으로 고범의 혼인 상황에 대해 은근슬쩍 묻는 것을 잊지 않았다.

편지를 띄우고도 답이 미지근하여 맹령은 연속하여 편지 두 통을 더 날렸다. 가슴속에 그들먹하게 올라온 흥분을 어쩔 수 없어 맹령은 친구들에게 이 일을 말했다. 친구들은 제 일처럼 기뻐하면서 맹령에게 주동적으로 사랑 공세를 들이대라고 부추겼다.

3년 같은 하루를 보낸 며칠 후 고범에게 아주 열정적인 회답 편지가 날아왔다. 사업에 참가한 이후 결혼 문제를 고려했지만, 마음에 드는 처녀를 만나지 못해 여태껏 독신이라는 것, 그리고 맹령처럼 재간 있는 여자가 곁을 지켜주면 얼마나 좋겠는가 하는 속마음을 비쳐왔다.

맹령은 잠을 이룰 수 없었다. 온몸의 피가 끓어 번지는 것만 같았다. 10년간 가슴속에 간직했던 사랑이 화산처럼 폭발했다. 맹령은 자신이 얼마나 고범을 사모해 왔으며 고범이 없으면 맹령은 살 수 없다는 회답 편지를 보냈다. 고범은 어렸을 때는 이다음 커서 꼭 예쁜 처녀를 아내로 맞아들이려고 생각했었지만 지금 생각해 보면 예쁘고 안 예쁜 것은 마음에 있지 외모에 있는 것이 아니라는 자신의 관점을 밝혀 편지로 보내왔다. 맹령은 철로신선공지로 고범을 초청했다. 고범은 학교 업무가 바빠 여유가 없으니 결혼 후에 꼭 공지로 가보겠다는 편지를 보내왔다.

알게 모르게 반년이란 세월이 흘렀다. 고범은 국경절에 결혼하자는 청혼 편지를 보내왔다. 맹령이 응하지 않을 리가 없었다. 고범은 자기 집은 결혼 준비가 다 되었으니 신부의 지참품은 갖출 필요가 없으며 이제 한곳에 모인 다음 물건들을 사놓아도 늦지 않으니 결혼 증명서만 전보로 보내오라고 했다. 공정대에서는 맹령의 결혼을 적극 지지해 주었다. 공정의 상황이 좋지 않았지만 특별히 그녀에게 말미를 주어 결혼 준비를 하게 하였다.

고범은 9월 27일, 중경의 조천문 부둣가에서 신부 맹령을 맞아 함께 충현으로 가자는 편지를 보내왔다. 27일 아침 일찍 맹령은 조천문 부둣가에 나가 그렇게 보고 싶던 신랑 고범을 기다렸다. 갈라진 지 10년이 된 고범은 더구나 의젓하고 멋졌다. 맹령은 가슴이 터질 듯한 행복감으로 자신을 억제하지 못하고 고범을 끌어안았다. 그 당시만 해도 이 행동은 상상할 수 없는 것이었다. 고범은 조금 난처해 했다.

상봉 후 둘은 식당으로 들어갔다. 음식이 상에 올랐지만 맹령이 식사를 하지 않자 고범은 왜 먹지 않느냐고 물었다.

"당신이 곁에 있으면 사흘을 굶어도 배고프지 않을 거예요."

맹령의 말에 고범은 웃음을 터뜨렸다. 그리운 이야기 끝에 둘은 혼인에 관해 이야기했다.

"우리 집에서는 이번 혼인을 되는대로 치르려 하지 않소. 나더러 꼭 운양에 가 당신을 맞아와야 한다오. 그러니 내일 나는 충현에서 내리고 당신은 운양까지 가도록 하오. 내일 내가 맞으러 가지."

고범의 말에 맹령은 고개를 끄덕였다.

"그게 옳아요. 저도 운양에 가 지참품들을 갖고 가야지요."

맹령은 집으로 돌아온 후 친구들을 초대했다. 부모들은 딸의 혼사 준비로 바삐 돌아쳤다.

이튿날 아침, 맹령은 일찍 신부 화장을 마치고 고범을 기다렸다. 하지만 밤중이 되도록 고범의 그림자도 얼씬하지 않았다. 맹령은 몇 번이나 동생들을 부둣가로 내보냈다. 속이 달아오른 맹령은 대뜸 입가에 물집이 잡혔다. 그날 저녁 맹령은 한시도 눈을 붙이지 못했다. 이튿날도 눈이 빠지게 기다렸건만 신랑 소식은 감감했다.

9월 30일, 맹령은 더는 앉아서 기다릴 수 없었다. 고범에게 꼭 무슨 사고가 난 것이 분명했다. 그렇지 않고서야 어찌 이렇게 무소식일 수가 있는가? 불길한 징조로 가슴이 재가 된 그녀는 고범을 찾아 떠났다. 맹령은 고범의 집을 가본 적이 없었다. 하지만 이것저것 고려할 여지가 없었다. 여기저기 물어서 마침내 고범의 집을 찾게 되었다.

고범의 집 문 앞에 다다른 맹령은 고범이 무사하기를 속으로 빌고 빌었다. 노크 소리에 문을 열고 나온 이가 바로 고범이었다. 별 탈이 없었다. 그제야 맹령은 숨을 확 내쉬었다. 뒤이어 속에서 주먹 같은 것이 올라왔다. 멀쩡하게 있으면서 왜 이러고 있는가? 하지만 맹령이 성을 내기도 전에 고범이 웃으며 먼저 말을 뗐다.

"안녕하오? 맹령 동무, 마침 잘 왔구먼."

말과 함께 그는 집 안에 대고 누군가를 불러냈다. 20여 세쯤 되어 보이는 한 예쁜 처녀가 나왔다. 이건 무슨 꿍꿍이람? 맹령이 의혹에서 헤어 나올 새도 없이 고범이 그 여자를 소개했다.

"이분은 나의 고중 동창생 맹령이고 이분은 금방 결혼한 나의 새 각시 형옥분이요."

고범의 새 각시? 맹령은 자기의 귀를 의심할 지경이었다. 하지만 형옥분이 방그레 웃음 짓고 손을 내미는 것이었다. 맹령은 온몸이 부들부들 떨려왔다.

"고범, 도대체 무슨 연극을 하는 거야? 나를 놀리는 거야?"

고범은 역시 입가에 웃음을 띄운 채 대답했다.

"어찌 감히, 맹령 동지는 실로 건망증이 심하구먼, 10년 전 동무절로 말하지 않았소? 내가 대학에 붙으면 맹씨 성을 거꾸로 쓰겠다고? 지금 나는 대학에 붙었을 뿐만 아니라 졸업하고 대학교 강사로 되었단 말이요. 그런데 맹씨 성을 거꾸로 쓰지도 않았구먼. 나와 혼인을 논하다니 너무 나를 사람으로 보지 않는구먼?"

맹령은 이를 갈았다.

"고범, 사나이로 생겨서 그렇게 속이 좁을 줄 몰랐다. 두고 봐, 너보다 학문이 높은 사람이 아니면 이 맹령은 시집가지 않을 거야."

맹령은 크게 앓았다. 그녀는 죽고만 싶었다. 하지만 혈육, 친구들의 위안 속에 맹령은 보란 듯 살아야겠다는 신념을 갖게 되었다. 그녀는 점차 아픈 상처를 아물어 갔다. 그녀가 놀림을 당한 일이 공정대의 화제로 된 것은 두말할 것도 없다. 그녀를 동정하는 사람, 남을 조롱했기에 갚음을 받았다는 사람, 모두가 제 나름대로 이 일을 의논했다. 맹령은 한 해 한 해 나이를 먹어갔다.

1982년에 노처녀인 맹령에게 혼처가 났다. 신랑감은 북경 모 대학에서 교편을 잡고 있는데 22년간 우파로 몰리다가 혼인이 늦어졌다고 했다. 이미 50세인데 사업을 회복한 지 오래되지 않고 수입도 적어 저금 같은 것은 운운할 여지도 없다고 했다. 그의 요구는 높지 않아 여자가 문화 수준과 직업이 있으면 된다고 했다.

이때 맹령은 34세 노처녀였다. 맹령은 마침내 신부가 되었다. 1년 후 그녀는 남편이 있는 북경으로 전근 가게 되었다. 이젠 맹령과 고범의 일도 끝난듯했다. 하지만 전생에 맺은 인연이라도 있는 듯 그들의 이야기는 또다시 이어졌다.

맹령을 조롱한 일로 고범은 부모들의 훈계를 면치 못했다. 처음 얼마간 고범은 자신이 공들여 설계한 그 일을 두고 만족했었다. 하지만 날이 감에 따라 그는 후회가 늘었다. 필경 지나쳤으니 말이다. 하지만 엎지른 물이었다.

이듬해 아내 형옥분은 아들을 낳았다. 온 집안 식구가 희열에 잠긴 것은 두말할 것도 없었다. 하지만 얼마 안 가 그들은 아들이 눈뜬

맹인이란 것을 알게 되었다. 이는 받아들이기 어려운 타격이었다. 아내는 그가 남을 지독하게 모욕했기에 죄를 입어 이렇게 되었다고 원망했다. 고범은 인과응보를 믿지는 않았지만 자기의 행위에 대해서는 은근히 반성하고 있었다.

고범은 철저히 변화하기 시작했다. 아내, 아들에게 무한한 사랑을 주는 것은 두말할 것 없고 낯모를 사람이 어려움에 봉착해도 서슴없이 팔을 걷고 나서곤 하였다. 그는 그렇게 묵묵히 '속죄'를 하는 것이었다. 몇 년 후 운양으로 놀러 왔다가 맹령이 결혼한다는 소식을 들은 고범은 묵직한 선물을 부쳤다. 하지만 '이런 사람을 찾지 못했다.'라는 쪽지가 붙어 소포가 되돌아왔다. 맹령이 자신을 용서하지 않는다는 것을 고범은 알 수 있었다.

1995년 여름, 맹령이 폐암 말기라는 소식이 고범의 귀에 들려왔다. 고범은 마음이 좋지 않아 어쩔 줄을 몰랐다. 그는 가족들을 데리고 맹령이 입원한 북경 해방군 923병원으로 갔다. 맹령이 자신을 어떻게 욕하고 쫓아도 개의치 않고 맹령 앞에서 잘못을 빌려고 다짐했다. 그러지 않고서는 마음속의 십자가에서 해탈될 수 없을 것만 같았다.

고범의 뜻밖의 방문은 병실의 안온한 분위기를 깨뜨렸다. 고범과 형옥분은 맹령과 그의 남편 그리고 딸애 앞에 무릎을 꿇었다.

무릎을 꿇은 고범 부부를 보면서 맹령은 흘러내리는 눈물을 어쩔 수 없었다. 맹령의 남편은 어쩔 바를 몰라 쩔쩔맸다. 맹령은 그들더러 일어나라고 손짓했다.

"지나간 일을 다시 입에 올려서는 뭘 해요. 일은 저 때문에 그렇게 된 거예요. 제가 먼저 고범 씨에게 상처를 주었지요."

맹령은 침대 곁에 붙어 선 여자애를 불러 인사를 시켰다.

"란이야, 외삼촌이야. 인사해라."

란이는 엄마 말대로 고범을 '외삼촌'이라고 살뜰히 불렀다.

고범도 바삐 아들애를 끌어당겼다.

"빨리 고모에게 인사를 드려라."

고범은 처량하게 웃음을 지었다.

"이 아인 앞을 못 보오."

"진작 들었어요."

맹령은 한숨을 내쉬었다.

"우린 그때 너무 철부지였어요…."

이때 맹령의 남편 왕 교수가 끼어들었다.

"당신네가 오기를 잘했습니다. 그렇지 않아도 찾으려던 참입니다."

고범은 의아해졌다. 맹령이 뒷말을 이었다.

"란이 아버지와 의논이 있었어요. 내가 죽은 다음 저의 각막을 고범 씨의 아들애에게 주려고요."

고범은 가슴이 막히는 것만 같았다. 말도 나오지 않았다.

"우리의 일은 끝이 없는 것 같아요. 내세가 있다면 또 만나면 좋겠어요. 이건 저의 진심의 말이에요."

1995년 겨울, 맹령은 47세로 북경에서 사망했다. 그의 유언에 따라 그의 각막은 고범의 아들 명에게 이식되었다. 명이는 그로 하여 오색찬란한 세상을 보게 되었다. 고범은 아들의 몸에서 맹령의 그림자를 느끼곤 한다. 맹령의 제삿날이거나 청명이 되면 그는 꼭 향을 태워 맹령에 대한 애도의 정을 표시하곤 한다.

창조의 시간,
신세계를 향하여

초판 1쇄 발행 2025. 6. 6.

지은이 동키호테
펴낸이 김병호
펴낸곳 가넷북스

편집진행 김재영
디자인 최다빈

등록 2019년 4월 3일 제2019-000040호
주소 서울시 성동구 연무장5길 9-16, 301호 (성수동2가, 블루스톤타워)
대표전화 070-7857-9719 | **경영지원** 02-3409-9719 | **팩스** 070-7610-9820

• 가넷북스는 여러분의 다양한 아이디어와 원고 투고를 설레는 마음으로 기다리고 있습니다.
이메일 garnetoffice@naver.com | **원고투고** garnetoffice@naver.com
공식 블로그 blog.naver.com/garnetbooks
공식 포스트 post.naver.com/garnetbooks | **인스타그램** @_garnetbooks

ⓒ 동키호테, 2025
ISBN 979-11-92882-02-4 03340

• 파본이나 잘못된 책은 구입하신 곳에서 교환해드립니다.
• 이 책은 저작권법에 따라 보호를 받는 저작물이므로 무단전재 및 복제를 금지하며,
이 책 내용의 전부 및 일부를 이용하려면 반드시 저작권자와 도서출판 가넷북스의 서면동의를 받아야 합니다.